Schulungsmaterial und Nachschlagewerk für
www.youngcaritas.de/smartphonesprechstunde

TEIL 2
Ein neues Smartphone einrichten

TEIL 3
Sicherheit

TEIL 4
Messenger

TEIL 5
Nützliches

1
2
3
4
5

EINLEITUNG

zur Anleitung ☺

Liebe Leserin, lieber Leser,

Fotos aufnehmen und verschicken, Hotelzimmer buchen, sich mit der Familie verabreden oder im Verein Absprachen treffen – all das findet inzwischen mit dem Smartphone statt. Das soziale und gesellschaftliche Leben ist digital. Wer kein Smartphone hat oder es nur eingeschränkt nutzen kann, ist schnell abgehängt und fühlt sich ausgeschlossen. Diese Broschüre will Ihnen deshalb helfen, Ihre Fragen rund um das Smartphone zu klären! Doch zunächst ein kleiner Rückblick …

Niemand soll ausgeschlossen sein, weil er oder sie mit dem Smartphone noch nicht umgehen kann – wie wäre es, wenn jüngere Menschen den älteren Menschen bei einem gemütlichen Treffen Fragen zu ihrem Smartphone beantworten? Diese Idee wurde 2017 zeitgleich an zwei Orten umgesetzt: Moritz Bross, Irene L. Bär und Irene Schumacher gründeten in Freiburg „Frag Moritz", Kristina Sobiech ging mit der Smartphone-Sprechstunde der youngcaritas Dortmund an den Start.

Aus der ersten Idee sind inzwischen viele youngcaritas-Smartphone-Sprechstunden bundesweit entstanden, an denen junge Menschen Ältere regelmäßig beraten. Seit 2020 verwenden sie hierbei auch die Broschüre „Einstieg ins Smartphone – eine Anleitung".

Mürside Özkan, Dalia Bartoli und Angelique-Isabella Kämpf von der Uni Duisburg-Essen sammelten bei den Smartphone-Sprechstunden in Dortmund wichtige Begriffe, häufig gestellte Fragen und erstellten hilfreiche Übersichten und Tipps. Um die Erfahrungen und weitere Inhalte aus Freiburg ergänzt, entstand daraus die Broschüre. 7.500 Hefte wurden schon bestellt, die Rückmeldungen sind sehr positiv. Für die hier vorliegende Aktualisierung vom März 2024 haben wir unsere Erfahrungen aus den bundesweiten Smartphonesprechstunden zusammen getragen, um die Broschüre noch besser zu machen. Danke besonders für die Rückmeldungen an die youngcaritas München, Steinfurt, Essen, Hamm, Münster und Dortmund. Aus diesen Rückmeldungen und neuen Entwicklungen in der Smartphone-Welt hat Moritz Bross die Broschüre aktualisiert und um weitere Teile ergänzt.

Wörter, die im Text kursiv geschrieben sind, erklären wir Ihnen im hinteren Teil ab Seite 58

Neben der Smartphone-Sprechstunde der youngcaritas an vielen Orten in Deutschland, bieten zahlreiche Vereine, Volkshochschulen und Senioren-Einrichtungen Kurse und Workshops für das Smartphone an, die zum Teil auch unsere Broschüre nutzen. Egal, ob Sie erst seit kurzem ein Smartphone haben und erste Schritte gehen oder ob Sie schon gut zurechtkommen, aber Ihr Smartphone noch besser nutzen oder mehr über Gefahren lernen wollen, für Sie alle haben wir versucht, Informationen bereitzustellen.

Im hinteren Teil der Broschüre haben wir ein Glossar eingefügt, in dem wichtige Begriffe erläutert werden. Alle Begriffe im Text, die kursiv markiert sind, können im Glossar nachgeschlagen werden.

Sie müssen nicht alles lesen! Suchen Sie sich gezielt die Themen aus, die Sie interessieren. Seien Sie neugierig und probieren Sie Dinge aus. Lernen Sie von den jungen Menschen: Online unterwegs zu sein macht Spaß!

Wir wünschen Ihnen viel Freude mit Ihrem Smartphone

Kristina Sobiech
youngcaritas
Dortmund

Moritz Bross
Medien-Designer
Freiburg

Anne Sorge-Farner
youngcaritas
Deutschland

Termine, Orte und Infos unter
www.youngcaritas.de/smartphonesprechstunde

TEIL 1

Grundlagen

Smartphones lassen sich nach Hersteller des Gerätes (z. B. Samsung, Lenovo, Motorola, *Google*, Sony, LG ...) und nach *Betriebssystem* unterscheiden.

iPhone-Geräte von der Firma *Apple* laufen mit dem *Betriebssystem iOS*. Andere Geräte (unabhängig vom Hersteller) laufen in der Regel mit dem Betriebssystem *Android*. Sollten Sie kein *iPhone* haben, haben Sie also sehr wahrscheinlich ein Gerät mit dem Betriebssystem Android.

Immer wenn im folgenden Text Unterschiede zwischen den *Betriebssystemen* bestehen, erläutern wir dies und markieren es mit der Farbe Grün für *Android* und der Farbe Blau für iOS. Überall wo Sie keinen Hinweis finden, gelten die Angaben für beide Betriebssysteme.

DAS SMARTPHONE VON AUSSEN

Smartphones sind unterschiedlich und es werden immer wieder neue Funktionen, Knöpfe und Anschlüsse hinzugefügt bzw. andere weggelassen. Anhand von zwei verschiedenen Smartphones stellen wir Ihnen hier beispielhaft die gängigsten Anschlüsse und Tasten vor. Vielleicht fehlt das eine oder andere bei Ihrem Gerät oder befindet sich an einer anderen Position. In der Regel liegt dem Smartphone eine Kurzanleitung mit einer Skizze von Ihrem jeweiligen Modell bei.

photo by Dominika Roseclay from Pexels

ANDROID-SMARTPHONES

Durch die große Vielfalt an Geräten mit *Android-Betriebssystem* können die Anschlüsse, Tasten und Funktionen bei Ihrem Smartphone deutlich anders aussehen! Wir zeigen die Anschlüsse hier beispielhaft. Bei neueren Geräten fehlen häufig die *Home-Taste*, die Zurück-Taste und die Menü-Taste sowie der *Kopfhöreranschluss*. Auch der Fingerabdrucksensor und die Klingeln aus-Taste befindet sich nun oft unsichtbar unter dem Bildschirm.

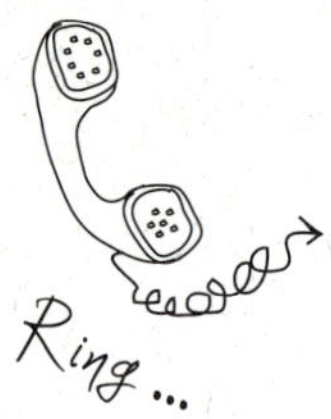

Anschlüsse/Bedienelemente Vorderseite:

- *Frontkamera*
- Telefonhörer
- *Startbildschirmtaste* (häufig mit *Fingerabdrucksensor*)
- Zurück-Taste
- Menü-Taste

Anschlüsse/Bedienelemente Rückseite:

- *Hauptkamera(s)*
- Blitz
- Mikrofon
- ggf. *Fingerabdrucksensor*

Anschlüsse/Bedienelemente oben:

- meistens keine, ggf. *Kopfhöreranschluss*

Anschlüsse/Bedienelemente unten:

- *Kopfhöreranschluss*
- Mikrofon
- Ladebuchse (*USB-C* oder *Micro-USB* Anschluss)
- Lautsprecher

Anschlüsse/Bedienelemente Seiten links oder rechts:

- Lautstärke-Tasten
- *Schalter Klingeln aus*
- *Ein-/Aus-/Standby-Taste*
- *SIM-Karten*-Fach

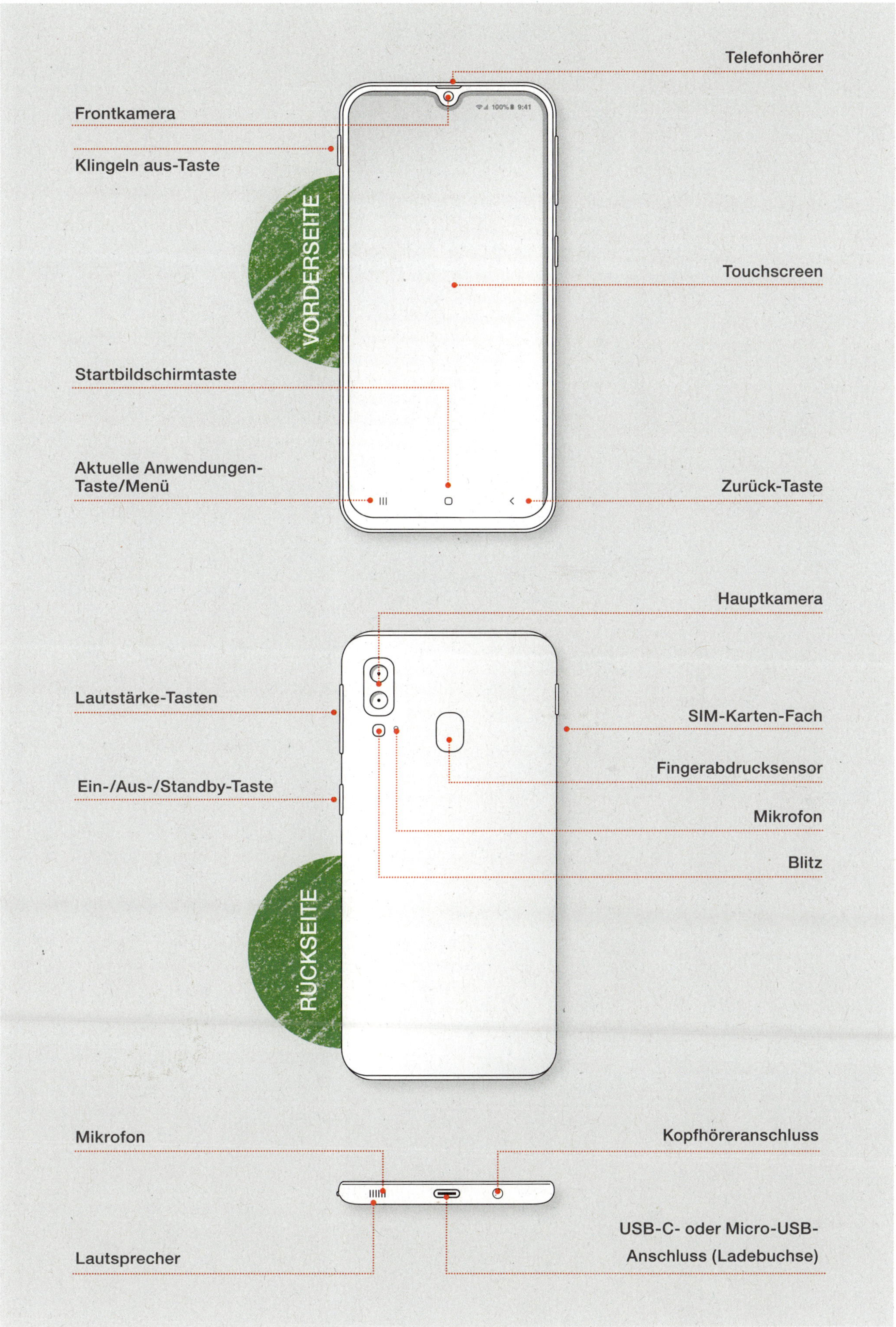

Telefonhörer
Frontkamera
Klingeln aus-Taste
VORDERSEITE
Touchscreen
Startbildschirmtaste
Aktuelle Anwendungen-Taste/Menü
Zurück-Taste
Hauptkamera
Lautstärke-Tasten
SIM-Karten-Fach
Fingerabdrucksensor
Ein-/Aus-/Standby-Taste
Mikrofon
Blitz
RÜCKSEITE
Mikrofon
Kopfhöreranschluss
USB-C- oder Micro-USB-Anschluss (Ladebuchse)
Lautsprecher

APPLE-IPHONES

Je nach Version kann Ihr iPhone sich von der Abbildung unterscheiden. Bei neueren Geräten füllt der Bildschirm die gesamte Vorderseite aus. Es fehlen häufig die Home-Taste sowie der Kopfhöreranschluss.

Anschlüsse/Bedienelemente Vorderseite:

- *Frontkamera*
- Telefonhörer (Ohrmuschel)
- *Startbildschirmtaste* (oft mit *Fingerabdrucksensor*)

Anschlüsse/Bedienelemente Rückseite:

- *Hauptkamera(s)*
- Blitz
- Mikrofon

Anschlüsse/Bedienelemente oben:

- ggf. *Ein-/Aus-/Standby-Taste* (bei älteren Geräten)

Anschlüsse/Bedienelemente unten:

- *Kopfhöreranschluss* (nur bei älteren Geräten)
- Mikrofon
- Ladebuchse (*Lightning-* oder *USB-C-Anschluss*)
- Lautsprecher

Anschlüsse/Bedienelemente Seite links:

- *Schalter Klingeln aus*
- Lautstärke-Tasten

Anschlüsse/Bedienelemente Seite rechts:

- ggf. *Ein-/Aus-/Standby-Taste* (bei neueren Geräten)
- *SIM-Karten*-Fach

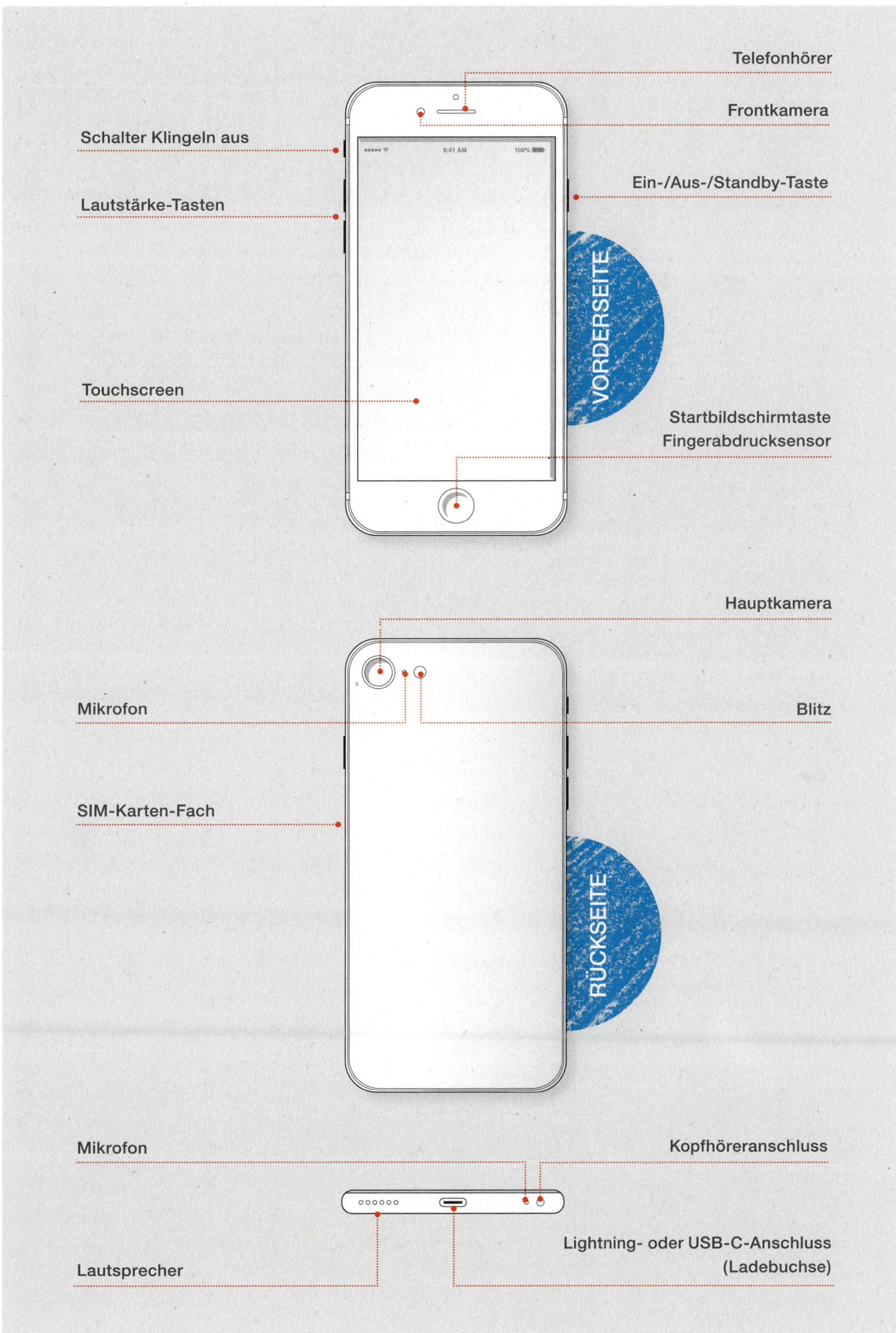

Telefonhörer
Frontkamera
Schalter Klingeln aus
Ein-/Aus-/Standby-Taste
Lautstärke-Tasten
VORDERSEITE
Touchscreen
Startbildschirmtaste
Fingerabdrucksensor
Hauptkamera
Mikrofon
Blitz
SIM-Karten-Fach
RÜCKSEITE
Mikrofon
Kopfhöreranschluss
Lightning- oder USB-C-Anschluss
(Ladebuchse)
Lautsprecher

WICHTIGE BESTANDTEILE DES SMARTPHONES

DIE LADEBUCHSE

Um Ihr Gerät an die Steckdose zu hängen und den Akku mit Strom aufzuladen, brauchen Sie ein Kabel, das zum Anschluss Ihres Smartphones passt. Über dieses Kabel können Sie das Smartphone auch an Ihren Computer anschließen. So können Sie Daten zwischen den beiden Geräten übertragen oder es am Computer aufladen.

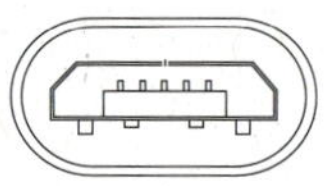

Der *Micro-USB*-Anschluss bei älteren *Android* Smartphones
Der Stecker ist trapezförmig und lässt sich nur in eine Richtung in die Buchse stecken!

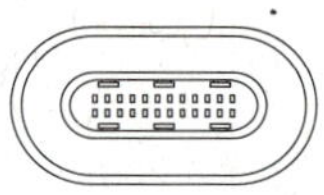

Der *USB-C*-Anschluss bei neueren Android Smartphones und bei neueren iPhones von Apple. Sie benötigen ein USB-C-Kabel.

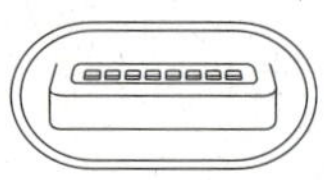

Der *Lightning-Anschluss*
Ausschließlich bei älteren iPhones von Apple

KAMERAS

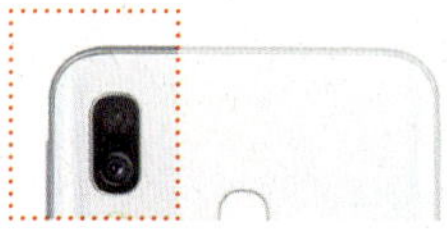

Die Hauptkamera
Die *Hauptkamera* befindet sich auf der Rückseite des Smartphones. Die Qualität dieser Kamera ist meistens schon sehr gut und damit lassen sich tolle Fotos machen. Bei neueren Geräten gibt es nicht nur eine, sondern bis zu vier Kameras auf der Rückseite, mit unterschiedlichen Objektiven wie Weitwinkel oder Tele.

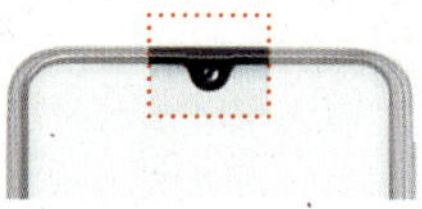

Die Frontkamera
Die *Frontkamera* befindet sich auf der Vorderseite des Smartphones. Mit ihr lassen sich Fotos machen, bei denen man sich selbst auf dem Smartphone Bildschirm sehen kann, sogenannte „*Selfies*". Die Qualität der Frontkamera ist deutlich schlechter als die der *Hauptkamera*.

FINGERABDRUCKSENSOR

Der *Fingerabdrucksensor* kann sich auf der Vorder- oder Rückseite des Smartphones befinden oder ist in die *Home-Taste* bzw. „unsichtbar" in den Bildschirm eingebaut. Um den Fingerabdrucksensor zu nutzen, muss zuvor der eigene Fingerabdruck bei der Einrichtung des Smartphones gespeichert werden (*weitere Infos in Teil 3 Sicherheit).*

EIN-/AUS-/STANDBY-TASTE

Wenn das Smartphone eingeschaltet ist, kann es mit einem kurzen Drücken der Ein-/Aus-/Standby-Taste in den Standby-Modus versetzt werden. Um Akku zu sparen, sollte man das immer tun, wenn man das Smartphone für kurze Zeit nicht benötigt. Will man das Smartphone komplett ausschalten, muss die Taste für drei Sekunden gedrückt und anschließend auf „Ausschalten" getippt werden. Um es wieder einzuschalten, drückt man die Taste ebenfalls für drei Sekunden.

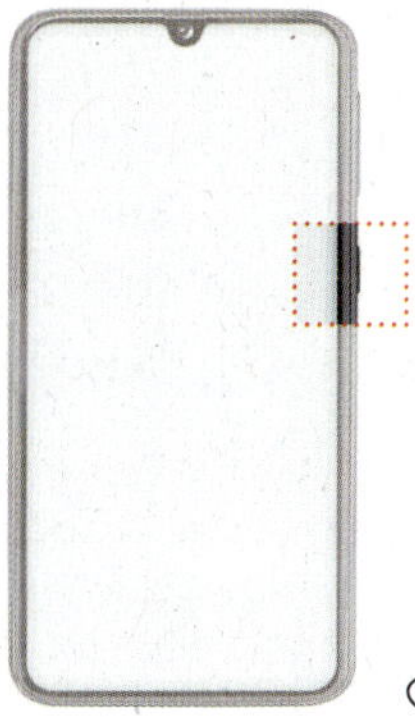

Standby? Nicht ganz aus!

Da das Hochfahren zum Teil länger dauert, lassen viele ihr Smartphone ständig im Standby-Modus. Das schadet dem Smartphone nicht. Sie sind dafür gebaut, im Standby-Modus zu funktionieren.

GRUNDLAGEN DER SMARTPHONE BEDIENUNG

Das Smartphone lässt sich mit den Tasten und Knöpfen am Smartphone, aber vor allem über Berührungen auf dem Bildschirm bedienen. Der Bildschirm ist sehr empfindlich und kann mit wenig Kraft bedient werden. Ein leichtes Tippen funktioniert besser als ein starkes Drücken des Bildschirms. Grundsätzlich sind folgende Arten von Gesten auf dem Smartphone möglich und führen unterschiedliche Aktionen aus:

GESTEN

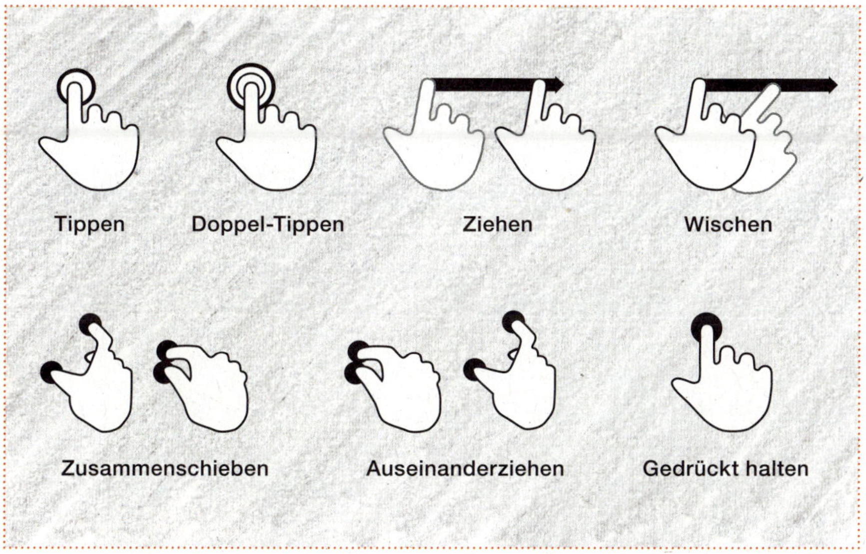

Ich glaub', du tippst nicht ganz richtig!

Tippen

Ein einzelnes Tippen auf dem Bildschirm ist die meistgenutzte Geste. Es aktiviert das angetippte Elemente wie Symbole, Texte, Apps, Links oder Menüs. Es lässt sich mit einem einfachen Mausklick am Computer vergleichen.

Doppel-Tippen

Wird sehr selten benötigt, um besondere Funktionen innerhalb von Apps zu aktivieren, meist reicht das einzelne Tippen.

Ziehen

Wird für viele Menüs und Funktionen gebraucht. Wichtig ist hierbei zuerst das Element anzutippen, es gedrückt zu halten und an die Zielposition zu ziehen. Häufig muss das gezogene Element an der Zielposition noch kurz gehalten werden, um ein Menü zu öffnen oder eine Aktion auszuführen.

Wischen

Um sich auf dem Bildschirm von einer Ansicht zur nächsten zu bewegen, ist es häufig möglich zu wischen. Es ist eine schnelle Bewegung z. B. von oben nach unten oder von links nach rechts. So kann man auf Websites durch ein Wischen von unten nach oben auf den unteren Teil der Webseite gelangen (="scrollen"). Auf dem Startbildschirm kann man durch ein Wischen von rechts nach links zu einer weiteren Ansicht gelangen. Ein Wischen von den Bildschirmrändern aktiviert verschiedene Funktionen je nach Betriebssystem.

Android

Von oben wischen:

Bei *Android* befindet sich die *Menü- und Benachrichtigungsleiste* am oberen Bildschirmrand. Um sie einzublenden, wischen Sie mit Ihrem Finger vom oberen Bildschirmrand nach unten. Hier erscheinen nun zuerst eine kleine Menüleiste und die Benachrichtigungen des Smartphones. Um noch mehr Menüpunkte anzuzeigen, ziehen Sie mit Ihrem Finger den unteren Rand der Menüleiste weiter nach unten.

Von unten wischen:
Die Übersicht aller installierten Apps.

Vom linken und rechten Bildschirmrand wischen:
„Zurück"-Funktion, die in jeder App einen Schritt zurückführt.

iOS

Bei *iOS* sind die *Menüleiste* und die *Benachrichtigungsleiste* voneinander getrennt. Um die Benachrichtigungsleiste einzublenden, wischen Sie mit Ihrem Finger vom oberen Bildschirmrand mittig nach unten. Hier erscheinen nun Ihre Benachrichtigungen. Um die Menüleiste einzublenden, wischen Sie mit Ihrem Finger vom rechten Ecke des oberen Bildschirmrandes nach unten.

NAVIGATION

Android

Um das Smartphone zu bedienen, gibt es eine Navigationsleiste, die in allen Apps die gleiche Funktionalität hat. So kann man damit leicht zum Startbildschirm zurückkehren, einen Schritt zurückgehen oder die Liste der gerade geöffneten Apps aufrufen. Bei älteren Geräten befindet sich diese Navigationsleiste in Form von Knöpfen oder Symbolen auf dem Bildschirm am unteren Bildschirmrand.

iPhone

Bei älteren *iPhones* gibt es in der Mitte des unteren Bildschirmrandes die Startbildschirmtaste mit einem eingebauten Fingerabdrucksensor. Diese Taste führt bei einem einfachen Drücken immer zum Startbildschirm zurück und kann bei zweifachem Drücken die Übersicht der gerade geöffneten Apps anzeigen.

Android und iPhone

Neuere Geräte haben am unteren Bildschirmrand gar keine Knöpfe mehr. Viele Geräte haben jedoch auch diese Symbole nicht mehr, sondern nutzen eine sogenannte Gestensteuerung: Das bedeutet, die Funktionen, die bisher über die Knöpfe erreicht wurden, werden nun durch Wischen und Ziehen erreicht. Wenn man sich an die Gesten gewöhnt hat, kann die Bedienung damit einfacher und schneller sein. Wem diese Gesten zu kompliziert sind, kann bei *Android* in den Einstellungen unter Bedienungshilfen, Systemsteuerelemente, den Navigationsmodus wieder auf die drei bekannten Knöpfe am unteren Bildschirmrand umstellen.

Wenn die Gestensteuerung aktiviert ist, erscheint unten in der Mitte am Bildschirmrand eine unscheinbare Navigationsleiste. Sie besteht aus einem einfachen, langgezogenen Strich. Wenn Sie diesen nach oben ziehen, gelangen Sie zurück zum Startbildschirm, unabhängig von der gerade geöffneten App. Um die im Hintergrund geöffneten Apps anzuzeigen, ziehen Sie den Balken leicht nach oben und halten ihn in der Mitte des Displays an. Je nach *Android* oder *iPhone* Betriebssystem gibt es noch weitere Gesten, die weniger wichtige Funktionen haben, diese werden bei der ersten Nutzung des Geräts vom System vorgestellt und erklärt.

WICHTIGE UND HÄUFIG GENUTZTE EINSTELLUNGEN

In der *Menü- und Benachrichtigungsleiste* befinden sich die wichtigsten und häufig genutzten Einstellungen sowie die Benachrichtigungen, wenn zum Beispiel Nachrichten eingegangen sind, jemand angerufen hat und Ähnliches.

Generell gilt: Leuchten Symbole im Menü hell oder farbig, sind sie eingeschaltet, d. h. die jeweilige Funktion ist aktiv. Werden Symbole grau angezeigt, ist die Funktion ausgeschaltet, also inaktiv.

BILDSCHIRMHELLIGKEIT

Bei Android ändern Sie die Bildschirmhelligkeit, indem Sie den Schieberegler mit dem Sonnensymbol mit Ihrem Finger nach rechts oder links schieben. Bei Apple schieben Sie diesen nach oben oder unten.

Mit maximaler Helligkeit können Sie bei direktem Sonnenlicht Ihren Bildschirm noch gut erkennen, mit minimaler Helligkeit blendet Ihr Smartphone nicht so sehr im Dunkeln. Es empfiehlt sich, die Helligkeit so einzustellen, dass sich der Bildschirm noch gut erkennen lässt, aber es nicht heller ist als nötig. Da der Bildschirm der größte Stromfresser ist, schonen Sie so Ihren Akku.

TON

Hier können Sie den Ton für eingehende Benachrichtigungen und Anrufe auswählen. Sie haben drei Optionen: lautlos (ohne Ton), Vibration (verursacht ein leises Geräusch) und mit Ton.

Bei Android klicken Sie mehrfach auf das Symbol bis Sie bei der gewünschten Option angekommen sind. Bei einem iPhone lassen sich die Benachrichtigungstöne durch den Schalter „Klingel aus“ verstellen (die kleine Wippe an der Seite des Smartphones).

WLAN

Wenn Sie kurz auf das Symbol tippen, wird das *WLAN* aktiviert und das Smartphone verbindet sich automatisch mit einem *WLAN-Netzwerk* in der Nähe, mit dem es schon einmal verbunden war. Um die Liste aller *WLAN-Netzwerke* zu sehen, die sich in Ihrer Umgebung befinden, bleiben Sie mit Ihrem Finger für ca. drei Sekunden auf dem Symbol, dann sehen Sie eine Liste von WLAN-Netzwerken. Ist hinter dem Symbol ein kleines Schloss zu sehen, ist das *Netzwerk* mit einem Passwort geschützt. Tippen Sie auf das Netzwerk, mit dem Sie sich verbinden wollen. Falls das Netzwerk geschützt ist, werden Sie aufgefordert, das zugehörige Passwort einzugeben. Nach der Passworteingabe gehen Sie auf „Verbinden“ und warten einen kurzen Moment. Anschließend ist Ihr Smartphone mit dem WLAN-Netzwerk verbunden und Sie können das Internet nutzen.

Das Passwort für ein *Netzwerk* kennt die Person, die das Netzwerk eingerichtet hat. Wurde es bei der Einrichtung nicht geändert, finden Sie es auf der Rückseite des *WLAN-Routers*, dem Gerät, das man von seinem *Internetanbieter* bekommen hat *(mehr zum Thema WLAN in Teil 3 Sicherheit).*

MOBILE DATEN

Um auch ohne *WLAN* das Internet nutzen zu können, müssen Sie bei einem *Mobilfunkanbieter* einen Vertrag abschließen oder einen *Prepaid-Tarif* (wie z. B. Aldi Talk, Lidl …) buchen. Haben Sie einen solchen Vertrag bzw. einen solchen Tarif, tippen Sie auf das Symbol „Mobile Daten“ und gelangen darüber ins Internet.

Die Menge an Daten, die Sie pro Monat über Ihren *Mobilfunktarif* mit Ihrem Smartphone verwenden können, heißt *Datenvolumen*. Meist ist das Datenvolumen in solchen Verträgen begrenzt, zum Beispiel auf 6 GB (Gigabyte) pro Monat. Nachdem Sie dieses Datenvolumen aufgebraucht haben, haben Sie zwar immer noch einen Zugriff auf das Internet, dieses ist allerdings sehr langsam. Wie viel Datenvolumen Sie noch übrig haben, können Sie in der *App* Ihres *Mobilfunkanbieters* nachschauen.

FLUGMODUS

Sobald Sie den *Flugmodus* (oder *Offlinemodus*) aktivieren, werden sämtliche Anruf- und Nachrichtenfunktionen (*SMS* ...) ausgeschaltet. Dazu gehören auch die *mobilen Daten*. *WLAN* und *Bluetooth* werden hiermit ebenfalls deaktiviert, können aber in den (Schnell-)Einstellungen wieder aktiviert und genutzt werden. Sollten Probleme mit der Internetverbindung auftreten, können diese häufig durch einmaliges aktivieren und anschließendes deaktivieren des Flugmodus behoben werden.

ENERGIESPARMODUS

Wenn Sie für längere Zeit unterwegs sind und keine Gelegenheit haben, den Akku zu laden, können Sie unter diesem Menüpunkt Möglichkeiten auswählen, um Strom zu sparen und die Nutzungszeit dadurch zu verlängern. Besonders viel Strom benötigen der Bildschirm, die Internetverbindung, die Standortsuche (siehe unten) und die Suche nach dem Mobilfunknetz in Gegenden mit schlechtem Empfang. Um Strom zu sparen, lohnt es sich also, die Standortsuche auszuschalten, den *Flugmodus* einzuschalten und die Bildschirmhelligkeit zu verringern.

STANDORT (GPS)

Um sich von Navigations-Apps wie z. B. *Google* Maps oder Apple Maps orten und navigieren lassen können, müssen Sie die *Standort-Funktion* aktivieren. Durch das eingebaute *GPS* kann das Smartphone relativ genau Ihre Position orten, von der aus es den Weg zu Ihrem Zielort festlegt. Außerdem werden bei eingeschalteter Standort-Funktion die Aufnahmeorte von Fotos automatisch mitgespeichert.

Achtung!
Die *Standort-Funktion* sollte nur aktiviert werden, wenn Sie sie gerade benötigen. Ansonsten sollte sie ausgeschaltet bleiben, da diese Funktion zum einen sehr viel Strom verbraucht, und zum anderen Ihre Standortdaten an diverse Anwendungen übermittelt, die diese auswerten *(siehe Teil 3: Sicherheit).*

BILDSCHIRM DREHEN

In der Regel werden Smartphones im Hochformat genutzt. Manchmal wollen Sie aber Fotos oder Videos im Querformat anschauen. Wenn die Funktion „Bildschirm drehen" aktiv ist, dreht sich die Ansicht automatisch, sobald Sie Ihr Smartphone drehen. Wenn Sie die Funktion deaktivieren, bleibt Ihr Bildschirm in der Position, in der Sie gerade sind, egal wie Sie Ihr Smartphone drehen.

TASCHENLAMPE

Das Blitzlicht Ihrer Smartphone-Kamera können Sie auch als Taschenlampe verwenden. Dies kann ganz praktisch sein, wenn Sie z. B. Ihren Schlüssel in Ihrer Tasche suchen. Diese Funktion verbraucht allerdings sehr viel Strom und sollte daher nicht lange genutzt werden.

BLUETOOTH

Mit *Bluetooth* haben Sie die Möglichkeit, sich mit Geräten in Ihrer Nähe zu verbinden. Sie können sich z. B. mit dem Autoradio oder Bluetooth-Kopfhörern verbinden, um Musik zu hören. Um sich mit einem Gerät zu verbinden, drücken Sie drei Sekunden lang das Bluetooth-Symbol, bis sich eine Liste der Geräte öffnet, die in Ihrer Nähe ebenfalls Bluetooth aktiviert haben. Wichtig: Es muss bei beiden Geräten Bluetooth aktiviert sein, damit eine Verbindung hergestellt werden kann. Sollte ein Gerät nicht erscheinen, starten Sie eine Suche, indem Sie auf „Scannen" tippen.

Da *Bluetooth* viel Strom verbraucht und an Geräte in der Umgebung Signale sendet *(siehe Teil 3: Sicherheit)*, lassen Sie Bluetooth in der Regel ausgeschaltet und aktivieren es nur dann, wenn Sie es benötigen.

EINSTELLUNGEN

Wenn Sie auf das Symbol in Form eines Zahnrads klicken, können Sie alle weiteren Einstellungen Ihres Gerätes vornehmen. Klicken Sie diese gern in einer ruhigen Minute einmal durch, um sich einen Überblick zu verschaffen, was Ihr Gerät noch alles kann.

GRUNDLEGENDE FUNKTIONEN DES SMARTPHONES

ANRUFE

Um eine Person anzurufen, klicken Sie auf die *App* „Telefon". Dort finden Sie unter Schnellauswahl (Android)/Favoriten (iOS) die Personen, mit denen Sie in letzter Zeit am häufigsten Kontakt hatten. Wenn Sie auf einen Eintrag (Name oder Nummer) klicken, startet direkt ein Anruf. Unter „Anrufliste" sehen Sie jeweils Personen (oder Nummern) mit Datum und Uhrzeit. Ein kleines Hörersymbol mit Pfeil zeigt an, ob Sie die Person

telefonieren? Geht auch!

angerufen haben (roter Pfeil nach oben), ob die Person Sie angerufen hat (grüner Pfeil nach unten) oder ob Sie einen Anruf verpasst haben (roter Pfeil, der abbiegt).

Über das Ziffernblock-Symbol kommen Sie zu einer Tastatur mit Zahlenblock, mit der Sie selbst eine Nummer eingeben und anrufen können. Personen, die Sie in der *App* Kontakte eingespeichert haben, können sie direkt anrufen.

KONTAKTE

In der Kontakte-App sammeln Sie Nummern und Namen. Wenn Sie die Daten sehen wollen, die Sie zu der jeweiligen Person eingespeichert haben, tippen Sie in der Liste Ihrer Kontakte die Person an. Dann öffnet sich eine neue Seite mit allen Informationen wie verschiedene Nummern, Adresse, E-Mail-Adresse usw. Sie können auch zu jeder Person ein Foto speichern. Neben der Nummer finden Sie Symbole, über welche Sie anrufen, eine *SMS* schreiben oder einen *Videoanruf* tätigen können. Einen neuen Kontakt können Sie anlegen, wenn Sie auf das + Symbol tippen.

Nun müssen Sie auswählen, wo der Kontakt gespeichert wird. Sie haben die Wahl zwischen Ihrem Smartphone selbst, der SIM-Karte oder Ihrem *Google-Konto*.

Beim Speichern auf dem Gerät können die Kontakte bei einem Smartphone-Wechsel nicht so leicht umgezogen werden, wenn das Gerät verloren oder kaputtgeht, sind die Kontakte weg.

Bei der *SIM-Karte* ist der Umstieg auf ein neues Smartphone leichter, da die SIM-Karte im neuen Smartphone genutzt werden kann. Auch hier gehen beim Verlust des Smartphones alle Kontakte verloren. Das *Google-Konto* hat den Vorteil, dass die Kontakte auf den Servern von *Google* gespeichert werden, wo sie sich nicht nur am Smartphone, sondern auch am Computer einsehen und bearbeiten lassen. Außerdem werden die Kontakte beim Umzug auf ein neues Smartphone automatisch synchronisiert und bei Verlust des Smartphones sind die Kontakte noch vorhanden. Allerdings geben Sie damit alle Daten an Google preis *(siehe Teil 3: Sicherheit/Datenschutz)*.

NACHRICHTEN

SMS steht für Short Message Service im Englischen und bedeutet übersetzt Kurznachrichten. Wenn Sie eine SMS schreiben möchten, gehen Sie bei Android unter „SMS“ oder „Nachrichten“, bei iOS unter „iMessage“. Wenn Sie das Symbol der Sprechblase antippen, können Sie eine neue Nachricht schreiben. Anschließend suchen Sie die Person, der Sie schreiben möchten aus und schreiben dann die gewünschte Nachricht in das Feld, in dem „Nachricht eingeben“ steht. Abschließend drücken Sie auf Senden, um die SMS zu verschicken.

Je nach *Mobilfunktarif*, den Sie gebucht haben, haben Sie eine bestimmte Menge an *SMS* kostenlos in Ihrem Vertrag oder zahlen sie einzeln. Per SMS können Sie auch mit Menschen kommunizieren, die ein Handy ohne Internetzugang haben.

FOTOGRAFIEREN, FILMEN UND GALERIE

Mit der Kamera-App können Sie Fotos und Videos aufnehmen. Wenn Sie die Kamera-App öffnen, sehen Sie unten in der Mitte einen runden Knopf: Das ist der Auslöser, auf den Sie tippen, um ein Foto zu machen.

Die Video-Funktion finden Sie je nach Gerät entweder neben dem Fotoauslöser als Symbol mit einem roten Punkt oder Sie müssen den Button „Video“ anstelle von Foto auswählen. Tippen Sie auf diesen Punkt, um ein Video aufzunehmen. Solange die Aufnahme läuft, sehen Sie eine Minuten- und Sekundenanzeige. Durch Tippen auf das Stopp-Symbol beenden Sie die Aufnahme.

Wenn Sie ein *Selfie* machen wollen, wechseln Sie von der *Hauptkamera* auf der Rückseite des Smartphones zu der *Frontkamera* auf der Vorderseite, indem Sie auf das Symbol mit zwei Pfeilen tippen. Um beim Fotografieren ein Objekt scharf zu stellen und die Helligkeit des Bildes anzupassen, tippen Sie auf dem Bildschirm auf die entsprechende Stelle im Foto.

Nachdem Sie ein Foto oder Video aufgenommen haben, wird dieses in der Galerie gespeichert. Auch Fotos, die man zugesendet bekommen hat, oder heruntergeladene Fotos werden in der Galerie gespeichert. In der Galerie können Sie eigene Alben erstellen, um Ihre Fotos zu sortieren. Außerdem haben Sie die Möglichkeit, Ihre liebsten Bilder zu markieren und somit automatisch im Album „Favoriten“ zu speichern. Dies können Sie ganz leicht machen, indem Sie das gewünschte Bild öffnen und auf das Symbol „Herz“ drücken. Sie können natürlich einzelne oder mehrere Fotos durch Anklicken des Mülleimer-Symbols auch wieder löschen.

UHR, NOTIZEN UND KALENDER

Uhr:
Hier können Sie die aktuelle Uhrzeit ablesen. Außerdem können Sie sich den Wecker stellen, die Zeit stoppen oder einen Countdown einstellen.

Notizen:
Hier können Sie Notizen verfassen und To-do-Listen erstellen.

Kalender:
Im Kalender können Termine gespeichert werden. Je nach Einstellung erinnert Sie die App an eingetragene Termine.

APPS HERUNTERLADEN – PLAY STORE/APPSTORE

Im Betriebssystem Android bekommen Sie Apps über den Google Play Store. Um Apps herunterzuladen, müssen Sie mit Ihrem Google-Konto angemeldet sein (siehe Teil 2: Ein neues Smartphone einrichten). Tippen Sie im Suchfeld den Namen der App oder eine App-Kategorie ein, falls Sie den konkreten Namen nicht kennen (z. B. Navigations-App). Auf der Startseite finden Sie Vorschläge für Apps nach Kategorien, wie Spiele, Filme, Musik und Bücher. In das Hauptmenü mit Wunschliste, Einstellungen, Mein Konto usw. kommen Sie, wenn Sie oben links auf die drei waagerechten weißen Striche (Hamburgermenü) tippen.

Im Betriebssystem iOS auf dem iPhone können Sie neue Apps über den AppStore herunterladen. Dazu müssen Sie mit Ihrer Apple ID angemeldet sein. Unten auf der rechten Seite finden Sie das Suchsymbol. Durch Anklicken öffnet sich die Seite, in der gezielt Apps gesucht werden können. Außerdem werden Apps in den Kategorien wie Trend, Spiele sowie Updates der bereits heruntergeladenen Apps angezeigt.

APP: kleines Programm für mobile Geräte

Viele Apps sind kostenfrei. Auch wenn Sie nur eine kostenfreie App herunterladen wollen, werden Sie aufgefordert ein Zahlungsmittel zu hinterlegen. Dies können Sie aber problemlos überspringen (auf den Begriff tippen).

Um kostenpflichtige Apps auf das Gerät laden zu können, müssen Sie diese erst bezahlen. Die Bezahlung kann mit verschiedenen Zahlungsmöglichkeiten erfolgen. Zur Wahl stehen die Zahlung per Kreditkarte, PayPal-Konto und Google Play/Apple Guthabenkarte etc. Bevor Sie sich für eine App entschieden, lohnt es sich, in der Liste der Suchergebnisse auf die App zu klicken, um weitere Informationen einzusehen. Neben der Beschreibung helfen vor allem die Bewertungen anderer Nutzer*innen, die dort angezeigt werden.

Mit einem Tippen auf „Installieren“ bei *Android* und „Laden“ bei *iOS* lässt sich die *App* dann herunterladen. Da die Datenmenge von Programmen recht groß ist, nutzen Sie für den Download einer App wenn möglich ein *WLAN-Netzwerk*, um das *Datenvolumen* Ihres Mobilfunktarifs nicht zu belasten. Nachdem Sie die App installiert haben, finden Sie das App-Symbol auf Ihrem Startbildschirm und können die App nun öffnen.

E-MAIL

E-Mails sind eine Möglichkeit, wie digitale Post Nachrichten und Anhänge an andere Personen digital und meistens ohne Kosten verschicken zu können. Eine E-Mail Adresse ist dabei immer gleich aufgebaut und lässt sich am @-Zeichen (= gesprochen „ät“) erkennen. Vor dem @-Zeichen steht der vom Nutzer gewählte Name, hinter dem @-Zeichen steht der Anbieter der E-Mail Adresse, also z. B. maxmustermann@gmx.de. Ob die Buchstaben in der E-Mail-Adresse groß oder klein geschrieben sind, ist egal.

Die E-Mail Adresse wird als Zugang für fast alle Benutzerkonten auf dem Smartphone genutzt. Sie ist daher besonders schützenswert, denn wer Zugang zur E-Mail-Adresse hat, hat schnell auch den Zugriff auf alle damit erstellten Konten. Ein besonders starkes Passwort und eine *Zwei-Faktor-Authentifizierung* sind daher sehr wichtig, mehr dazu auf S. 38ff.

Zugang zu den E-Mails auf dem Smartphone bekommt man über die Website des Anbieters. Praktischer ist jedoch, eine Mail-App einzurichten. So gibt es von fast allen Anbietern eine eigene App, über die Mails abgerufen, verschickt und verwaltet werden können. Das Smartphone benachrichtigt dann automatisch über neu eingegangene E-Mails. Wer bei einem Anbieter ohne App ist, oder mehrere Email Konten von verschiedenen Anbietern kombinieren möchte, kann die bereits installierten Mail-Apps “Mail” bei iPhones und “Gmail” bei Android nutzen, oder eine zusätzliche kostenfreie Mail-App wie “Outlook” installieren.

Wer ein Smartphone nutzt und eingerichtet hat, hat mit sehr hoher Wahrscheinlichkeit bereits eine E-Mail-Adresse, da sich die Geräte ohne diese gar nicht einrichten lassen.

Android

Wenn man bei der Einrichtung des Smartphones keine E-Mail-Adresse eingibt, erstellt das Gerät automatisch eine Gmail-Adresse bei Google, dem Anbieter von *Android* und ein damit verknüpftes Google-Konto. Damit können Apps installiert werden, aber eben auch E-Mails mit der “Gmail”-App verschickt werden. Auch ein Google-Cloud Konto wird automatisch erstellt, mehr Informationen, wie Sie diese Cloud nutzen können, erfahren Sie auf S. 25.

iPhone

Auch bei einem *iPhone* ist eine E-Mail-Adresse Voraussetzung für die Inbetriebnahme des Geräts. Mit dieser E-Mail-Adresse wird ein Apple-Konto angelegt, über das ebenfalls Apps installiert werden können oder die Apple-iCloud genutzt werden kann. (Siehe S. 25)

Wer ein Smartphone nutzt, hat also in der Regel eine bestehende E-Mail-Adresse und kann diese nutzen. Herausfinden, welche E-Mail-Adresse das ist, kann man in den Einstellungen unter “Meine Informationen”.

CLOUD UND DATENÜBERTRAGUNG

WAS TUN, WENN DER SPEICHER VOLL IST?

Der Speicherplatz auf einem Smartphone ist begrenzt und kann nur noch bei wenigen Smartphones, die über ein MicroSD-Kartenfach verfügen, erweitert werden. Wenn der Speicher voll ist, lässt sich nichts Neues mehr speichern und empfangen. Um wieder Platz für neue Fotos, Apps und Nachrichten zu schaffen, gibt es mehrere Möglichkeiten:

SPEICHER PRÜFEN UND LEEREN

Besonders viel Speicher verbrauchen Apps und Videos. Auch Fotos und PDF Dateien können den Speicher schnell füllen. Chats, Nachrichten und Texte hingegen verbrauchen so gut wie keinen Speicherplatz. Es lohnt sich also, die großen Dateien zuerst auszumisten. Das Smartphone zeigt in den Einstellungen unter dem Menüpunkt “Speicher” oder “Speicherplatz” an, wie viel Speicher zur Verfügung steht und zu wie viel Prozent dieser bereits belegt ist. Welche Apps und Dateien besonders viel Speicherplatz verbrauchen, lässt sich dort ebenfalls direkt erkennen.

Unnötige Dateien können dann gelöscht werden, um wieder Speicherplatz zu schaffen. Wenn es keine Dateien gibt, die gelöscht werden können, gibt es die Option Dateien auf einem Computer oder in einer Cloud abzuspeichern und damit wieder Platz auf dem Smartphone zu schaffen.

Um Dateien auf den Computer zu übertragen gibt es verschiedene Möglichkeiten, dazu zählen sogenannte “Clouds”, die Dateiübertragung per Kabel oder weitere Übertragungsmöglichkeiten über das Internet.

CLOUD

Eine Cloud (auf Deutsch Wolke) ist ein digitaler Speicherort im Internet. Das ermöglicht es, von verschiedenen Geräten und Orten auf Fotos und Dateien zuzugreifen.

Mit einer Internetverbindung lassen sich diese Fotos und Dateien immer abrufen, entweder auf dem Smartphone oder einem Computer. Somit sind diese auch noch vorhanden, wenn das Smartphone einmal kaputt oder verloren gehen sollte.

Häufig wird bei der Einrichtung des Smartphones bereits die automatische Sicherung in eine Cloud aktiviert. Bei Android-Geräten heißt diese Cloud "Google Fotos" oder "Google Drive", bei Apple heißt sie "iCloud". Durch diese automatische Sicherung werden alle Fotos und Videos automatisch bei Google oder Apple gesichert. Was eine einfache Sicherung und Übertragung der eigenen Fotos ermöglicht, kann jedoch auch Nachteile haben. Google z. B. weist in seiner Datenschutzerklärung darauf hin, dass hochgeladene Inhalte automatisch gescannt und analysiert werden. Angeblich um die Benutzerfreundlichkeit zu verbessern (z. B. durch die Erkennung zusammengehöriger Fotos) und um Spam oder illegale Inhalte aufzudecken. Dabei erstellt Google jedoch auch ein personalisiertes Nutzerprofil für die genauere Ausspielung von Werbeanzeigen.

Es gibt auch zahlreiche weitere Clouds, die über den App Store installierbar sind. Einige davon, wie z. B. die Cloud der Deutschen Telekom "MagentaCLOUD" oder die Cloud der Sparkasse "S-Trust" stellen datenschutzkonforme Alternativen dar. Es ist wichtig zu beachten, dass die meisten Cloud-Dienste eine bestimmte Menge an kostenlosem Speicherplatz anbieten. Wenn dieser aufgebraucht ist, müssen Dateien gelöscht werden oder ein kostenpflichtiges Abonnement für mehr Speicherplatz abgeschlossen werden.

DATEIEN ÜBERTRAGEN MIT KABEL

iPhone

Um Daten vom iPhone auf den Computer zu übertragen, müssen Sie das iPhone mit dem mitgelieferten Ladekabel mit dem Computer verbinden. Um Dateien zu übertragen, muss auf dem Computer bereits das Programm "iTunes" installiert sein.

Starten Sie iTunes auf Ihrem Computer und klicken Sie oben links auf das "iPhone-Symbol". Es erscheint eine Übersicht des iPhones, je nach iTunes-Version sind dort die Optionen „Übersicht" oder „Dateifreigabe" zu sehen. Dort lassen sich die Daten, die auf den Computer gesichert werden, auswählen und dann mit einem Klick auf "Synchronisieren" oder "Übertragen" auf den Computer kopieren. Nach der erfolgreichen Übertragung können die Dateien dann vom iPhone gelöscht werden, um Speicherplatz frei zu machen.

Android

Um Daten von einem Android-Smartphone auf den Computer zu übertragen, müssen Sie das Smartphone mit dem mitgelieferten Ladekabel mit dem Computer verbinden. In der Benachrichtigungsleiste des Smartphones wird die Verbindung nun angezeigt, mit einem Tippen darauf lässt sich die Verbindungsoption auswählen. Hier muss „Dateiübertragung" ausgewählt werden, auf dem Computer erscheint dann in der Regel ein Fenster mit den Dokumenten des Smartphones. Klicken Sie sich durch die Ordner, um die Dokumente zu finden, die sie übertragen möchten (z. B. DCIM für Fotos).

Markieren Sie anschließend die gewünschten Dateien, klicken Sie mit der rechten Maustaste und wählen sie „Kopieren“ aus. Wechseln sie anschließend zu dem Ordner auf dem Computer, in den Sie die Dateien einfügen möchten und klicken Sie mit der rechten Maustaste in den Ordner hinein. Wählen Sie dort „Einfügen“ aus. Warten Sie bis die Dateiübertragung abgeschlossen ist, bevor Sie das Smartphone vom Computer trennen. Das kann eine Weile dauern.

WEITERE ÜBERTRAGUNGSMÖGLICHKEITEN

Eine Möglichkeit einzelne Fotos auf den Computer zu übertragen, ist das Senden von Fotos per E-Mail an die eigene E-Mail-Adresse. Dann sind diese am Computer oder Smartphone aus dem Postfach herunterladbar. Auch per Messenger wie WhatsApp oder Telegram lassen sich Fotos an sich selbst schicken. Diese sind dann nach der Anmeldung am Computer ebenfalls herunterladbar.

Über die Menü-Funktion “Teilen” in der Fotogalerie gibt es ebenfalls die Möglichkeit, Fotos kabellos an Geräte in der Nähe zu übertragen. Bei iPhones heißt diese Funktion „AirDrop“, sie funktioniert jedoch nur für die Übertragung der Fotos an einen Apple Computer. Für die Übertragung an einen Windows Computer steht diese Funktion bei iPhones nicht zur Verfügung. Bei Android heißt diese Funktion “Quick Share” und ermöglicht die Übertragung von Fotos von einem Android-Smartphone an einen Windows Computer, nach der Installation der “Quick Share” Anwendung auf den Computer. Auch per USB Stick lassen sich Fotos und Dateien vom Smartphone auf den Computer und umgekehrt übertragen. Beim Kauf des USB-Sticks muss darauf geachtet werden, einen USB-Stick mit zwei Anschlüssen zu wählen: USB-C für das Smartphone und USB-A für den Computer.

photo by Hammad Khalid from Pexels

1

2

3

4

5

TEIL 2

Ein neues Smartphone einrichten

DER AKKU

Bevor Sie Ihr neues Gerät zum ersten Mal verwenden, sollten Sie den Akku aufladen. Auch wenn die meisten Smartphones bereits eingeschaltet werden können, wenn Sie sie aus der Verpackung holen, empfiehlt sich, mit dem Einschalten zu warten, bis der Akku des Gerätes vollständig aufgeladen ist.

Der Akku kann geladen werden, indem das beigelegte *USB-Kabel* in das Smartphone und in den beiliegenden *Netzadapter* gesteckt wird. Der Netzadapter wird dann in die Steckdose gesteckt.

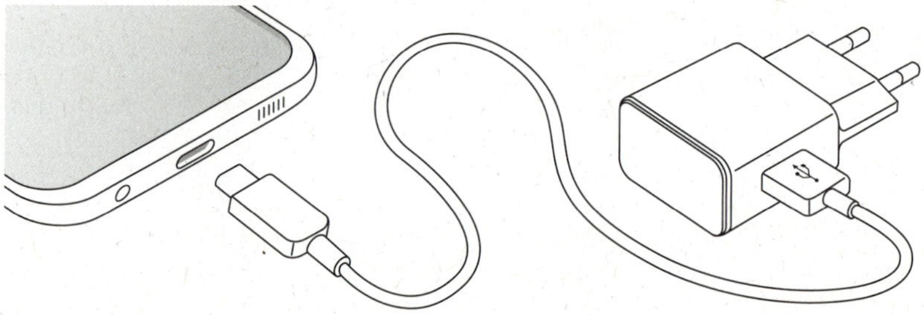

Ob Ihr Smartphone gerade lädt oder bereits aufgeladen ist, erkennen Sie, wenn Sie das USB-Kabel einstecken: Dann erscheint auf dem Bildschirm die Abbildung einer Batterie, in der die Akkuladung als Prozentzahl angezeigt wird.

Neuere Smartphones haben fast alle nur noch fest eingebaute und damit nicht mehr austauschbare Akkus. Um bei diesen Modellen den Akku zu wechseln, muss man das Gerät öffnen. Das sollte man einem Smartphone-Reparaturservice überlassen oder jemandem, der sich damit auskennt, wie Leuten in einem Reparatur-Café. Ist das Smartphone noch gut in Schuss, ist das Wechseln von Akkus ökologisch sinnvoll, da Smartphones so länger genutzt werden können. Sofern Sie ein älteres Modell besitzen, bei dem sich der herausnehmbare Akku unter dem aufklappbaren Gehäuse auf der Rückseite befindet, können Sie diesen ohne Hilfe leicht selbst ersetzen. Ersatzakkus gibt es günstig zu kaufen.

DIE SIM-KARTE

Nun geht es darum, die *SIM-Karte* einzulegen. Eine SIM-Karte ist eine Chipkarte, die das Smartphone im *Mobilfunk* anmeldet, damit man telefonieren und ins Internet gehen kann. Die SIM-Karte bekommen Sie von Ihrem *Mobilfunkanbieter* wie z. B. Telekom, O_2, Vodafone, AldiTalk o. Ä.

Um die *SIM-Karte* einzulegen, ist es zunächst wichtig, festzustellen, wie diese eingelegt werden muss. Dies kann von Modell zu Modell variieren. Eine neuere Variante sieht vor, dass mit Hilfe eines beigelegten Schlüssels (*Steckplatzwerkzeug*) ein Kartenhalter herausgelöst wird (auf der rechten oder linken Seite vom Bildschirm). Dabei wird die Nadel in das kleine runde Loch gesteckt, bis sie auf einen Widerstand stößt, der den Kartenhalter herausspringen lässt. Dann können Sie den SIM-Karten-Halter vorsichtig herausnehmen.

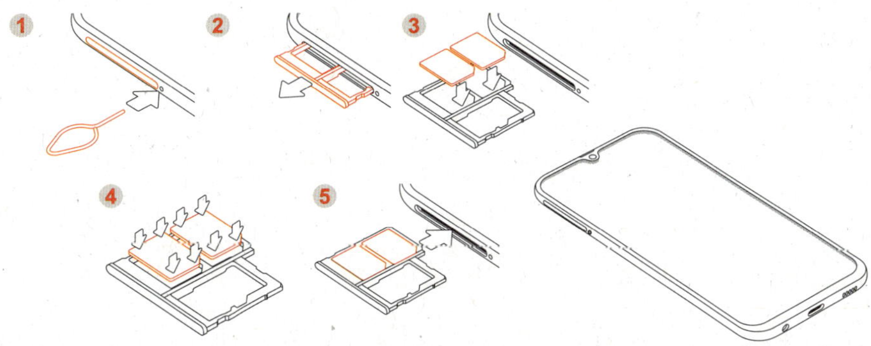

SIM-Karten gibt es in drei unterschiedlichen Größen: Es gibt Mini-, Micro- und Nano-SIM-Karten. Micro-SIM-Karten können aus Mini-SIM-Karten und Nano-SIM-Karten können aus Micro-SIM-Karten ausgestanzt werden. Das bedeutet, dass Sie nicht verzweifeln müssen, wenn Sie nur eine Nano-SIM-Karte in Ihr mobiles Endgerät stecken können, aber eine Mini- oder Micro-SIM-Karte von Ihrem *Mobilfunkanbieter* bekommen haben. Meistens werden SIM-Karten als sogenannte 3-in-1-Karten geliefert, indem die gewünschte Größe je nach Bedarf aus der Mini-SIM-Karte herausgebrochen werden kann, bei der die jeweiligen Formen schon in das Plastik eingeritzt sind. Sind die kleineren Formen nicht ohne weiteres herausnehmbar, können Sie in ein Smartphone-Geschäft gehen, wo Ihnen die Mitarbeiter*innen die gewünschte Form ausstanzen.

Mini-SIM 

Micro-SIM 

Nano-SIM 

Die in den Kartenhalter passende *SIM-Karte* wird nun formgemäß in den Kartenhalter eingelegt, der anschließend wieder in seinen Steckplatz (Slot) geschoben wird. Besitzen Sie ein älteres Smartphone-Modell, befindet sich der SIM-Karten-Slot meistens über oder sogar unter dem Akku im aufklappbaren Gehäuse auf der Rückseite. Hier muss die SIM-Karte mit der goldenen Seite nach unten eingeschoben werden. Bei neueren Geräten kann die SIM-Karte auch über das Internet als sogenannte „E-SIM-Karte" heruntergeladen werden.

DAS GERÄT EINSCHALTEN

Ort mit WLAN suchen

Wenn Sie Ihr Smartphone nun aufgeladen und die *SIM-Karte* eingelegt haben, können Sie es einschalten, indem Sie die *Ein-/Aus-/Standby-Taste* (meistens auf der rechten Seite) mehrere Sekunden lang gedrückt halten. Das Gerät fährt nun hoch und Sie werden gebeten, je nach Gerätehersteller ein Google- oder Apple-Konto anzulegen. Sie müssen ein Konto einrichten, da es für zahlreiche Funktionen benötigt wird. Für die Ersteinrichtung ist es sehr hilfreich, einen Internetzugang über *WLAN* zu haben. Sollten Sie selbst keinen haben, suchen Sie sich einen Ort, wo das möglich ist.

DER EINRICHTUNGSASSISTENT

Im Folgenden werden wir Sie nun durch die Vorgänge des *Einrichtungsassistenten* für Android-Smartphones führen, da der Vorgang einige Minuten an Zeit in Anspruch nehmen wird und auf dem ersten Blick recht unübersichtlich erscheint. Hierbei ist es egal, welches Smartphone-Modell Sie besitzen, da sich der Einrichtungsassistent bei allen Smartphones sehr ähnelt. Da der Vorgang bei iOS selbsterklärend ist, verzichten wir auf die Darstellung.

Zunächst einmal werden Sie nach Ihrem *WLAN-Passwort* gefragt. Dazu müssen Sie aus der Liste mit den verfügbaren *WLAN-Netzwerken* aussuchen (siehe *WLAN*).

Nachdem sich das Smartphone mit dem *Netzwerk* verbunden hat, werden Sie gebeten, den allgemeinen Geschäftsbedingungen Ihres Smartphone-Herstellers zuzustimmen. Tippen Sie hierfür auf den Kreis oder die Box vor der Aussage „Ich habe die allgemeinen Geschäftsbedingungen (AGB) gelesen und akzeptiert" bzw. auf das Feld, in dem diese Aussage enthalten ist. Um sicherzugehen, dass der Nutzer/die Nutzerin sich die AGBs zumindest einmal angesehen hat, ist es notwendig, dass Sie sie zumindest einmal durchscrollen, bevor Sie ihnen zustimmen können. Sollten Sie diese Informationen überspringen wollen, wischen Sie hierfür einfach mit Ihrem Zeigefinger senkrecht von unten nach oben über den Bildschirm, bis das Feld erscheint, mit dem Sie Ihre Zustimmung zu den genannten Vertragsvereinbarungen geben können. Es gibt zusätzlich die Option, Fehlerberichte an *Google* zu senden oder Nachrichten zu Marketing-Zwecken zu erhalten. Dies ist für den Gebrauch Ihres Smartphones jedoch nicht notwendig.

Nach diesen beiden Schritten werden Sie nach Ihrer E-Mail-Adresse für Ihr Nutzerkonto gefragt. Da das *Android-Betriebssystem* von *Google* entwickelt wurde, müssen Sie ein *Google-Konto* erstellen. Dafür können Sie entweder Ihre bestehende eigene E-Mail-Adresse verwenden oder sich bei Google ein neues Mailkonto erstellen. Vielleicht haben Sie auch schon eine *Google-Mail*-Adresse (endet auf @googlemail.com oder @gmail.com). Sollten Sie ein neues Google-Konto mit einer neuen Google-Mail-Adresse erstellen, können Sie diese E-Mail-Adresse nun selbst wählen.

Da die Adresse beispielsweise bei einem Kaufvertragsabschluss an Dritte weitergegeben wird, ist es nicht zu empfehlen, Spitznamen oder Ähnliches einzubauen, wie beispielsweise sexyhexy@gmail.com, sondern eher bettina.muster@gmail.com. Ist der gewünschte Name schon vergeben, erstellt *Google* eine Liste mit alternativen Vorschlägen. Sie können diese Vorschläge annehmen, müssen es aber nicht.

Viele Android-Smartphone-Hersteller fragen bei der Einrichtung, ob Sie zusätzlich ein sogenanntes *Herstellerkonto* einrichten möchten. Dieses ermöglicht Ihnen, herstellereigene Anwendungen auf das Smartphone zu laden. Notwendig und sinnvoll ist dies in der Regel allerdings nicht. Überspringen Sie einfach diesen Schritt und tippen auf „weiter“ oder „überspringen“.

SMARTPHONE VOR FREMDEM ZUGRIFF SCHÜTZEN

Zum Abschluss der Einrichtung werden Sie gefragt, ob Sie auf Ihrem Smartphone ein Bildschirmpasswort einrichten möchten. Dies ist sinnvoll, damit Fremde keinen Zugriff auf Ihr Gerät haben. Dabei haben Sie folgende Optionen:

1. ein Passwort als Buchstaben- und/oder Zahlenfolge.
   Wie Sie ein sicheres Passwort erstellen, finden Sie in Teil 3 Sicherheit.

2. eine Persönliche Identifikationsnummer (*PIN*) oder Geheimzahl, also eine kurze Zahlenfolge mit vier Ziffern.
   Achtung: Die PIN zum Entsperren Ihres Smartphones ist nicht zwingend identisch mit der PIN Ihrer *SIM-Karte*! Beim Hochfahren bzw. Neustarten Ihres Smartphones müssen Sie als Erstes eine PIN zum Entsperren Ihrer SIM-Karte und dann die PIN zum Entsperren des Bildschirms eingeben.

1

2

3

4

5

3. ein Muster, das Sie mit einer Wischbewegung Ihres Fingers in einem Feld mit neun Punkten zeichnen.

4. *Gesichtserkennung*
   Die *Frontkamera* vergleicht Ihr Gesicht mit dem Bild, das das Smartphone bei der Einrichtung von Ihnen aufgenommen hat.

5. *Fingerabdrucksensor*
   Bei neueren Geräten können Sie sich auch mit Ihrem Fingerabdruck identifizieren.

PFLEGLICHER UMGANG MIT DEM GERÄT

Hier noch einige Tipps, wie Sie Ihr Gerät, die Daten und die Software schützen können.

1. Besorgen Sie sich eine Schutzhülle für Ihr Smartphone! Eine Schutzhülle schützt vor kosmetischen Schäden wie Kratzern und Dellen, die den Wert bei einem potenziellen Verkauf deutlich senken, aber vor allem vor Bruch! Schlimmstenfalls können Ihre Daten nicht mehr gerettet werden, wenn das Gerät herunterfällt.

2. Der Bildschirm geht bei Smartphones leider sehr häufig kaputt. Das passiert leicht, wenn es herunterfällt oder wenn Sie es zusammen mit Schlüsseln in die Hosentasche stecken.
   Besorgen Sie sich eine Schutzfolie für den Bildschirm, um Kratzer oder sogar Risse zu vermeiden. Achten Sie beim Kauf einer Schutzfolie auf eine „Tempered Glass"-Schutzfolie, da diese deutlich mehr Schutz bietet als eine einfach Plastikschutzfolie.
   Ein defekter Bildschirm bedeutet nicht, dass das komplette Smartphone kaputt ist, Ihre Daten und Bilder sind nach wie vor vorhanden. Durch den kaputten Bildschirm können Sie diese jedoch nicht mehr anschauen.

3. Es ist ratsam, das Smartphone in regelmäßigen Abständen über das Ladekabel mit einem Computer zu verbinden und die Daten darauf zu übertragen und damit zu sichern (*Backup*).

4. Achten Sie bitte unbedingt darauf, regelmäßig und zeitnah *Updates* vom *Betriebssystem* zu machen, wenn Sie Ihr Smartphone dazu auffordert. Durch neue Updates werden Sicherheitslücken geschlossen, Probleme behoben und manchmal sogar neue hilfreiche Funktionen hinzugefügt.

photo by Oleg Magni from Pexels

TEIL 3
Sicherheit

SICH VOR BETRUG ODER SCHÄDEN SCHÜTZEN

Im Internet lauern Sicherheitsrisiken, aber wenn man die Gefahren kennt und entsprechend mit ihnen umgeht, kann gar nicht so viel passieren.

E-MAILS UND NACHRICHTEN VON ZWEIFELHAFTEN QUELLEN

DER TÄGLICHE MÜLL IM POSTFACH – SPAM

Spam (engl. „Müll“) sind unerwünschte E-Mails, die meisten davon Werbung. Sie sind erst mal nur nervig und in der Regel keine direkte Gefahr. Trotzdem gilt bei solchen Spam-Mails, dass man sie zur Sicherheit am besten gar nicht öffnet und weder auf Links noch auf Anhänge in der Mail klickt, denn dort könnten sich Viren oder *Phishing*-Seiten verstecken. Es lohnt sich, Mails im Mailprogramm als „Spam“ zu kennzeichnen, da das Programm dadurch lernt und künftig mehr Spam-Mails direkt erkennt und automatisch aussortiert.

„ES WURDE EIN SICHERHEITSPROBLEM FESTGESTELLT“ – PHISHING

> Ihr Konto wurde gehackt.
> Bitte loggen Sie sich ein.
> 5:18 PM

Beim *Phishing* (engl. Kunstwort für „Passwörter angeln“) versuchen Hacker über gefälschte E-Mails an persönliche Daten und Passwörter zu gelangen. Die Mails führen von angeblich seriösen Anbietern zu einer gefälschten Seite. Daten, Konten oder sogar Geld sind im schlimmsten Fall weg. Die Ersteller solcher Mails orientieren sich bei ihren Fälschungen an den Original-Mails und der Original-Website und sind dadurch nicht sofort zu erkennen. Sobald die Daten eingegeben sind, landen sie bei den Hackern, die damit Zugriff auf alle Daten und Konten hinter dem Benutzerkonto bekommen.

Es gibt mehrere Möglichkeiten, herauszufinden, ob es sich um eine gefälschte Mail handelt:

1. Prüfen, ob wirklich die Person oder Firma dahintersteckt, die sie vorgibt zu sein.
   Bei den erweiterten Informationen zum Absender kann man einsehen, wie die Mailadresse des Absenders wirklich lautet. Auch wenn z. B. amazon.de als Name angezeigt wird, sieht man an der eigentlichen Mailadresse schnell, dass es sich um eine Fälschung handelt. Solche Mails werden häufig mit kryptischen Adressen wie asdhuig@jhzfufi.com verschickt. Aber Achtung! Gute Fälscher verwenden Mailadressen mit Zeichendrehern, die nicht so schnell zu erkennen sind, wie beispielsweise info@amzaon.de. Hier lohnt es genau hinzuschauen.

2. Seite überprüfen, auf die die gefälschte Mail verlinkt
   Häufig werden auch in den Namen der Websites Zeichendreher benutzt, um in die Irre zu führen. Statt paypal.de steht dann beispielsweise papyal.de in der Adresszeile. Genau hinschauen ist auch hier ratsam! Wichtig ist ein gültiges *SSL-Zertifikat*: Dies erkennt man daran, dass ein grünes Schloss vor der Adresse der Website angezeigt wird. Wird das grüne Schloss nicht angezeigt, sollten Sie auf keinen Fall wichtige Daten dort eingeben. Mit einem Klick auf das Schloss können Sie den Inhaber der Seite überprüfen, dort sollte der richtige Firmenname hinterlegt sein.

   Häufige *Phishing*-Mails sind z. B.: „Bei Ihrem *Account* wurde ein Sicherheitsproblem festgestellt, bitte melden Sie sich hier an, um dies zu überprüfen!" oder „Von Ihrem Konto wurden 5000 Euro abgebucht, bitte melden Sie sich zur Überprüfung an". Falls Sie sich nicht sicher sind, ob es sich dabei um eine echte Mail oder eine Fälschung handelt, klicken Sie trotzdem auf keinen Fall direkt auf den Link in der E-Mail. Gehen Sie in Ihren *Browser*, geben Sie die Original-Adresse der Webseite des Anbieters ein und loggen Sie sich dort ein, um die Behauptung zu überprüfen.

   Außerdem bietet es sich an, bei wichtigen Benutzerkonten die *Zwei-Faktor-Authentifizierung* zu aktivieren (siehe unten), damit haben es Hacker deutlich schwerer, an das Konto zu kommen.

BETRUGSVERSUCHE

Die „Mama SMS" oder "Papa SMS" ist ein Trick, den Betrüger verwenden. Sie bekommen eine SMS zugeschickt, die behauptet, von Ihrer Tochter oder Ihrem Sohn zu sein. Die Betrüger werden versuchen ein Gespräch zu beginnen und vorgeben, dass sie in Schwierigkeiten stecken. Häufig wird behauptet, dass die Person angeblich Geld braucht und bittet, sofort zu helfen. Die Betrüger hoffen, dass Sie besorgt reagieren und ohne genau nachzudenken Geld senden. Es ist wichtig, solche Nachrichten zu überprüfen, indem Sie direkt bei anderen Familienmitgliedern nachfragen, bevor Sie etwas unternehmen. Betrüger versuchen oft, mit falschen Geschichten Geld zu stehlen, also seien Sie vorsichtig und überprüfen die Informationen, bevor Sie reagieren. Auch Anrufe mit gefälschter Stimme, sogenannten "Deep Fakes", nehmen zu. Fragen Sie die Person nach einer persönlichen Information, die nur sie kennen kann, um sicherzustellen, dass es sich wirklich um Ihre Tochter oder Ihren Sohn handelt.

UNGLAUBLICH, ODER?
KETTENNACHRICHTEN UND FAKE NEWS
Fast jeder hat schon mal von einem Freund, einer Freundin oder einer Bekannten eine Nachricht mit einer unglaublichen Geschichte bekommen mit dem Hinweis, die Informationen an möglichst viele eigene Kontakte weiterzuleiten.

Hier ist immer Vorsicht geboten!

Zum einen können Links in diesen Nachrichten zu unsicheren Websites führen (siehe oben)! Zum anderen sind Informationen, die auf diesem Weg verbreitet werden, sehr häufig falsch und manipulativ (sogenannte *Fake News*)! Diese Nachrichten sollten auf keinen Fall ungeprüft an die eigenen Kontakte weitergeleitet werden!

> Habe ich eben erhalten. Bitte durchlesen. WhatsApp wird kostenpflichtig. Wenn diese Nachricht nicht weitergeleitet wird ....
>
> 5:18 PM

Auf der Plattform Mimikama (www.mimikama.at) können Sie herausfinden, ob es sich um *Fake News* oder einen Kettenbrief handelt. Dazu müssen Sie nur ein Stichwort oder einen Satz aus der Nachricht in die Suchleiste der Seite eingeben. Taucht Ihre Nachricht noch nicht auf der Seite auf, können Sie sie auch zur Überprüfung einreichen. Gibt es einen Beitrag zu der Nachricht auf Mimikama, schicken Sie dem Absender der Nachricht den Link und weisen Sie die Person darauf hin, dass sie Fake News oder einen Kettenbrief verbreitet.

KOSTENLOS SURFEN MIT RISIKO – ÖFFENTLICHES WLAN

An vielen öffentlichen Plätzen, in Cafés und im Zug gibt es öffentliches, frei zugängliches und vor allem kostenloses *WLAN*. Statt mit Geld zahlen Sie mit Daten. Die Anbieter solcher WLANs holen sich oftmals bei der Anmeldung die Erlaubnis zum Sammeln von Daten der Nutzer*innen ein. Werbeanbieter, die z. B. das öffentliche WLAN für Städte zur Verfügung stellen, können dann ein Werbeprofil von Ihnen anlegen.

Öffentliche *WLANs* bergen weitere Risiken! So erzeugen Hacker ein eigenes stärkeres Signal unter dem Namen eines öffentlichen WLAN, mit dem sich Ihr Smartphone dann automatisch verbindet. Der Datenverkehr läuft dann über das Gerät des Hackers und Daten, die übertragen werden, können abgegriffen werden. Wenn Sie sich beispielsweise in Ihre Mails einloggen, kann der Hacker das ebenfalls tun. Beim *Online-Banking* ist dies besonders gefährlich. Sollten Sie sich also in wichtige Benutzerkonten einloggen oder sogar Online-Banking machen wollen, sollten Sie dies nie in öffentlichen WLANs tun. Um Dinge zu recherchieren oder Videos zu schauen, sind öffentliche WLANs trotzdem eine gute Möglichkeit, unterwegs online zu sein, ohne das eigene *Datenvolumen* zu belasten, zum Beispiel in der Bahn.

IMMER OFFEN IST NICHT GANZ DICHT – WLAN UND BLUETOOTH

WLAN und *Bluetooth* sind hilfreiche Verbindungsmöglichkeiten: Zu Hause kann man mit Hilfe des eigenen *WLAN-Routers* mit dem Smartphone im Internet surfen oder man kann zum Beispiel seine Kopfhörer über Bluetooth mit dem Smartphone verbinden.

Wenn die Dienste nicht gebraucht werden, sollten sie aber immer ausgeschalten werden! Bei eingeschaltetem *Bluetooth* kann das eigene Smartphone von anderen Geräten gefunden werden und diese Geräte können sich ungewollt mit dem eigenen Smartphone verbinden.

Beim *WLAN* sind die Gefahren deutlich größer. Das Smartphone sendet bei eingeschaltetem *WLAN* nicht nur seine eigene Identifikation, die sogenannte „*MAC-Adresse*“ durchgehend an alle Geräte in der Umgebung, sondern im schlechtesten Fall auch noch eine Liste sämtlicher *WLAN-Netzwerke*, mit denen das Gerät zuvor verbunden war.

So kann ein *Bewegungsprofil* von Ihnen erstellt werden: Ein potentieller Angreifer sieht, in welchen Cafés Sie sich aufhalten, wo Sie häufiger privat zu Besuch sind und in welchen Läden Sie einkaufen. Dass Unternehmen die Daten nutzen, um Ihnen auf Sie persönlich zugeschnittene Werbung anzuzeigen, wenn Sie vor dem Schaufenster stehen, ist dabei noch das Harmlose. Hat ein Hacker die Information über Ihre genutzten *WLAN-Netzwerke*, kann er eines Ihrer bereits verwendeten WLAN-Netzwerke simulieren und Ihr Smartphone verbindet sich dann automatisch mit diesem gefälschten *Netzwerk*, ohne dass Sie es merken. Darüber können Zugangsdaten und Dateien von Ihrem Smartphone gestohlen und verwendet werden.

Schauen Sie also beim Verlassen der Wohnung immer aufs Smartphone und vergewissern Sie sich, dass Sie *WLAN* und *Bluetooth* deaktiviert haben.

1
2
3
4
5

KLICKEN SIE HIER, UM EIN ABO ABZUSCHLIESSEN – KOSTENFALLEN

Manchmal öffnet sich beim Surfen im Internet eine neue Seite oder eine Werbeanzeige, die sich einfach nicht mehr schließen lassen will. Die scheinbar einzige Option: ein Abo abschließen, damit sich die Seite wieder schließt. Dies sollten Sie auf keinen Fall tun!

Auch das Tippen auf solche Seiten sollte vermieden werden, da dadurch häufig schon ein Abo abgeschlossen wird. Die sicherste Methode, solche Seiten zu schließen, ist mit der *Home-Taste* wieder auf den Startbildschirm zurückzukehren, die *App* über die *Übersicht der geöffneten Anwendungen* zu schließen und anschließend erneut zu öffnen. Der Tab im *Browser* sollte sich dann schließen lassen. Im Zweifelsfall lohnt es sich auch, das Gerät einmal neu zu starten.

Haben Sie versehentlich doch ein Abo abgeschlossen, kann die Kündigung kompliziert sein. Diese Verträge sind jedoch oftmals rechtswidrig. Lassen Sie sich bei Zahlungsaufforderungen als Erstes nachweisen, wie der angebliche Vertrag zustande kam. Wenden Sie sich an die Verbraucherzentrale, die Sie gerne unterstützt – auch persönlich oder per Telefon!

SCHUTZSCHILD FÜR IHR SMARTPHONE – ANTIVIRUS ANWENDUNGEN

Antivirus-Anwendungen für das Smartphone gibt es, sie sind jedoch meistens nicht notwendig. Wenn Sie keine dubiosen Anwendungen aus dem Internet herunterladen und sich nicht überwiegend auf unseriösen Seiten im Internet aufhalten, ist ein Antivirus-Programm nicht notwendig. Die meisten Gefahren lassen sich mit den hier genannten Tipps umgehen und erfordern bei bewusster Nutzung des Smartphones keinen zusätzlichen Schutz. Wer ganz sicher gehen will, kann sich natürlich eine Antivirus-Anwendung auf dem Smartphone installieren, sollte sich aber auch bewusst sein, dass das ständige Überwachen und Überprüfen des Smartphones es deutlich verlangsamt.

STRENG GEHEIM – GUTE PASSWÖRTER

Um Passwörter besonders sicher zu machen, ist es wichtig, auf bestimmte Kriterien zu achten:

- Passwörter sollten nie einfache Wörter oder Namen beinhalten, besonders keine Wörter, die sich im Duden befinden, da diese besonders einfach zu knacken sind.
- Passwörter sollten keine Geburtsdaten oder andere Daten sein.
- Sie sollten nie das gleiche Passwort zweimal verwenden! Für jedes Benutzerkonto empfiehlt es sich, ein neues Passwort zu erstellen.

- Besonders sichere Passwörter bestehen aus mindestens acht Zeichen, beinhalten Groß- und Kleinschreibung und mindestens eine Ziffer und ein Sonderzeichen.

Passwort-Tipp: Einen Satz bilden, der am besten Zahlen und mindestens ein Sonderzeichen enthält und den man sich leicht merken kann. Diesen kann man sich aufschreiben oder merken und von jedem Wort den ersten, zweiten oder dritten Buchstaben (wie man möchte) als Passwort nehmen. Beispiel: 19 Ziegen springen auf der grünen Wiese wild umher! →19ZsadgWwu!

Mit den Passwortsätzen kann man sich die Passwörter als Satz notieren, ohne dass jemand das Passwort direkt lesen kann. So kann man sich eine Liste mit Sätzen zu jedem einzelnen Benutzerkonto aufschreiben, die nur man selbst entschlüsseln kann. Wem das zu umständlich ist, der kann auf ein Programm setzen, das sich die Passwörter merkt, einen sogenannten *Passwortmanager*. Diese *App* generiert und speichert besonders sichere Passwörter zu jedem einzelnen Benutzerkonto, so dass man sich nur noch das Passwort für den Passwortmanager merken muss. Die App muss auf allen Geräten (Smartphone, Laptop ...), mit denen Sie sich anmelden wollen, installiert sein und ist in der Regel kostenpflichtig.

DOPPELT HÄLT BESSER – ZWEI-FAKTOR-AUTHENTIFIZIERUNG

Die *Zwei-Faktor-Authentifizierung* heißt so, weil sie die Möglichkeit bietet, zusätzlich zum Passwort noch eine zweite Identifikationsmöglichkeit hinzuzufügen. Diese Option ist bei den meisten Benutzerkonten aktivierbar und sollte besonders bei wichtigen Konten wie dem *Online-Banking* unbedingt aktiviert werden!

Meistens muss für die *Zwei-Faktor-Authentifizierung* eine Mobilfunknummer angegeben werden, an die bei der Anmeldung eine *SMS* mit einem *Bestätigungscode* gesendet wird. Dieser bestätigt dann Ihre Identität und gewährt Ihnen den Zugriff auf Ihr Konto. Das bedeutet, Sie müssen für die Anmeldung bei den Konten, für die Sie die Zwei-Faktor-Authentifizierung aktiviert haben, immer Ihr Smartphone griffbereit und ausreichendes Netz haben. Das sollten Sie bedenken, bevor Sie die Funktion aktivieren!

Mit aktivierter *Zwei-Faktor-Authentifizierung* ist es für Hacker deutlich schwerer, in Ihre Benutzerkonten zu gelangen, weil die Person dann ebenfalls Zugang zu Ihrem Smartphone bräuchte.

Um die *Zwei-Faktor-Authentifizierung* zu aktivieren, müssen Sie in der jeweiligen *App* meistens in die Einstellungen gehen. Dort finden Sie die Funktion häufig unter „Konto", „Passwort" oder „Sicherheit".

DER BANKSCHALTER IN DER HOSENTASCHE – ONLINE-BANKING

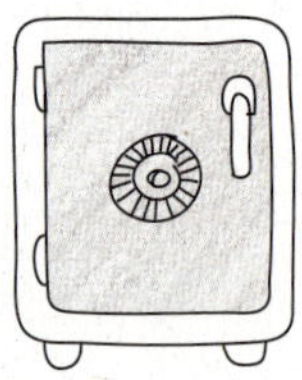

Beim *Online-Banking* ist Sicherheit besonders wichtig. Grundsätzlich ist klar: Im Internet ist nichts 100-prozentig sicher. Es lässt sich unter Beachtung einiger Regeln allerdings eine sehr hohe Sicherheit erreichen. Dazu zählt zunächst, nur die offizielle Online-Banking-App der eigenen Bank zu nutzen. Drittanbieter sind häufig unsicherer.

Beim *Online-Banking* sollten die schon oben genannten Tipps besonders beherzigt werden:

- nicht auf *Phishing*-Mails in Bezug auf das Bankkonto hereinfallen
- kein Online-Banking in öffentlichen *WLAN-Netzwerken*
- nur besonders sichere Passwörter verwenden
- wenn möglich die *Zwei-Faktor-Authentifizierung* aktivieren

Unter diesen Voraussetzungen ist der Zugang zum eigenen *Online-Banking* bereits gut geschützt. Für Überweisungen sollten Sie bei der Einrichtung des Online-Bankings bei Ihrer Bank auf ein *TAN-Verfahren* bestehen. Dieses ist besonders sicher, da es zusätzlich zu Ihrem Online-Banking Login, Passwort und der im besten Fall bestehenden *Zwei-Faktor-Authentifizierung* auch noch einen zusätzlichen TAN-Code benötigt. Ein Hacker müsste sich also zu all diesen Faktoren Zugang verschaffen, um eine Überweisung mit Ihrem Bankkonto tätigen zu können. Das ist sehr unwahrscheinlich. Unter Befolgung all dieser Sicherheitsvorkehrungen können Sie also bedenkenlos Online-Banking nutzen!

PRIVATSPHÄRE UND PERSÖNLICHE DATEN SCHÜTZEN

Die Anbieter der *Apps*, die Sie auf Ihrem Smartphone haben, aber auch der Seiten, die Sie im Internet besuchen, können eine Menge Daten von Ihnen abgreifen: Name, Geburtsdatum, Adresse, E-Mail-Adresse, Telefonnummer, *Bewegungsprofil* aus Standortdaten, Fotos, Audioaufnahmen und Spracherkennung, Gerätekennungen, aber auch persönliche Interessen, Meinungen und Ähnliches.

Firmen legen Datensätze über ihre Kunden und sogar über ihre Nichtkunden an (z. B. *Facebook*) und erstellen interne Profile. Sie nutzen diese Daten, um gezielt Werbemöglichkeiten auf ihren Plattformen zu verkaufen und geben zum Teil sogar personenbezogene Daten an Dritte weiter. Immer wieder werden Fälle bekannt, in denen sich Staaten, Geheimdienste oder Hacker Zugang zu den von den Firmen gesammelten Daten verschaffen konnten. Und auch wenn Daten nicht einer bestimmten Person zugeordnet werden können, sind sie für Firmen interessant, z. B. um Muster zu erkennen und zukünftiges Verhalten vorauszusagen. Schlimmstenfalls sind mit *Big Data*, also großen Datenmengen, die ausgewertet werden, Überwachung, Zensur und Verfolgung möglich wie etwa in China oder Wahlmanipulation wie in den USA.

Es ist also sowohl persönlich als auch gesellschaftlich bedeutsam Daten zu schützen. Dabei ist sowohl jede*r Einzelne wie auch der Staat gefragt. Das Recht auf den Schutz persönlicher Daten steht bereits im Grundgesetz. Gesetze wie die Europäische Datenschutzgrundverordnung (DSGVO) sollen die Datenschutzrechte des Einzelnen schützen und verpflichten Firmen zu Datensparsamkeit und dem transparenten Umgang mit Daten. Bei Nichteinhaltung drohen Strafen in Millionenhöhe.

Für viele Vorgänge ist eine Einwilligung des Kunden notwendig, beim Installieren von *Apps* wird dieses Einverständnis abgefragt. In vielen Apps kann man entscheiden, welche Daten man für die App freigeben will und welche nicht.

Es lohnt sich in regelmäßigen Abständen einen Blick in die Berechtigungen zu werfen, die die *Apps* auf dem Smartphone haben und nicht benötigte Berechtigungen auszuschalten. Viele Berechtigungen müssen Sie jedoch erteilen, um den Dienst nutzen zu können.

Zusätzlich sammelt das Smartphone im Hintergrund Daten, deren Sammlung man nicht deaktivieren kann, wie die Standortdaten, die für *Bewegungsprofile* genutzt werden.

Um den Datenschutz auf Smartphones ist es also nicht so gut bestellt. Daran wird sich vermutlich erst dann etwas ändern, wenn weniger Leute *Apps* von Firmen installieren, die bekannt dafür sind, Daten in großem Stil verwerten, wenn mehr Leute bereit sind, für die Dienstleistungen der Apps Geld zu bezahlen sodass andere Geschäftsmodelle möglich sind, und wenn sich mehr Leute für Datenschutz und Digitalpolitik engagieren, und so Druck auf die Politik ausüben.

Gleichzeitig ist es gerade bei Social Media schwer sich den großen Plattformen zu entziehen, wenn man nicht völlig vom sozialen Umfeld abgehängt sein will. Ein wichtiges Beispiel ist hier WhatsApp. Was an WhatsApp problematisch ist und welche Alternativen es gibt, erklären wir im Kapitel „Messenger im Vergleich“ ab Seite 49.

1
2
3
4
5

TEIL 4

Messenger

Ein *Messenger* ist ein Kurznachrichtendienst, mit dem Sie Ihrer Familie und Ihren Freunden Nachrichten, Fotos und Videos senden können. Im Unterschied zur *SMS* werden diese über die Internetverbindung versendet und Sie müssen für die Nachrichten nicht bezahlen. Messenger gibt es von verschiedenen Anbietern. Der bekannteste und am weitesten verbreitete Messenger ist WhatsApp. Daneben gibt es andere Messenger mit fast identischen Funktionen. Um zu kommunizieren, müssen die beteiligten Personen die gleiche Messenger-App installiert haben. Welches die häufigsten Messenger sind und welche Vor- und Nachteile sie haben, erklären wir im Kapitel „Messenger im Vergleich“ ab Seite 49.

Zuerst zeigen wir Ihnen am Beispiel von WhatsApp, wie *Messenger* funktionieren. Da die meisten Messenger in Funktionalität und Aufbau identisch sind, lässt sich das Beschriebene mit kleinen Abweichungen auf die anderen vorgestellten Messenger übertragen. Das Erscheinungsbild und die Bezeichnung von Menüpunkten in WhatsApp kann von den hier gezeigten Beispielen abweichen, da die App stetig aktualisiert wird. Die Grundprinzipien bleiben jedoch gleich und können weiterhin angewendet werden.

WHATSAPP, TELEGRAM & CO.

INSTALLATION

Sollte WhatsApp noch nicht auf Ihrem Smartphone installiert sein, laden Sie die *App* im *Play Store/AppStore* herunter. Beim ersten Öffnen leitet die *App* Sie durch die Anmeldung und fragt nach bestimmten Daten. Die App fordert Sie auf, den Nutzungsbedingungen und den Datenschutzrichtlinie zuzustimmen. Ohne Zustimmung ist eine Nutzung der *Messenger*-App nicht möglich. Nach der Bestätigung fragt WhatsApp nach den Berechtigungen für den Zugriff auf Fotos und Medien sowie Kontakte. Den Zugriff auf die Kontakte müssen Sie bestätigen, sonst können Sie die App nicht nutzen (zur Problematik mehr unter „Messenger im Vergleich“ ab Seite 43). Den Zugriff auf Fotos und Medien können Sie verweigern, zahlreiche wichtige Funktionen dann aber nicht nutzen. Die Zugriffsrechte können Sie später auch verändern. Unabhängig davon, ob Sie den Zugriff auf Fotos, Videos und Kontakte genehmigt haben, fordert WhatsApp Sie nun auf, Ihre Telefonnummer einzugeben. Geben Sie Ihre Mobilfunknummer mit Netzvorwahl und Ländervorwahl (also in Deutschland +49 123 statt 0123) ein und tippen Sie auf Weiter. Bestätigen Sie die Telefonnummer durch Tippen auf OK. WhatsApp schickt Ihnen nun einen sechsstelligen Zahlencode an die angegebene Mobilfunknummer, den Sie in die App eingeben müssen, bzw. der automatisch aus der *SMS* gelesen wird.

PROFILFOTO UND NAME HINZUFÜGEN

WhatsApp bittet Sie nun ein Profilfoto hinzuzufügen. Tippen Sie auf das Kamera-Symbol, um ein *Selfie* zu machen oder ein vorhandenes Foto aus Ihrer Galerie zu wählen. Sie müssen jedoch kein Foto einfügen, wenn Sie dies nicht möchten. Dann wählen Sie den Namen, der in den Adressbüchern Ihrer WhatsApp-Kontakte angezeigt werden soll. Dies kann auch ein Spitzname sein.

DIE BEDIENOBERFLÄCHE VON WHATSAPP

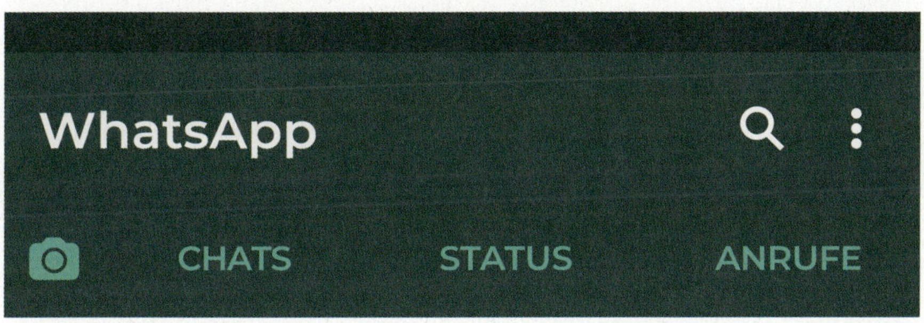

KAMERA-SYMBOL

Wenn Sie auf das Kamera-Symbol tippen, öffnet sich eine Seite auf der Sie fotografieren oder Fotos aus Ihrer Galerie auswählen können. Um eine gute Fotoqualität zu erzielen, empfehlen wir jedoch, Fotos nicht hier, sondern immer mit der Kamerafunktion Ihres Smartphones zu machen. Sie können die Fotos dann über die Galerie einzufügen. Wählen Sie ein Foto aus der Galerie und verfassen Sie eine Beschriftung. Mit dem Tippen auf den grünen Haken erscheint die Liste Ihrer Kontakte. Sie können nun eine oder mehrere Personen auswählen und durch Tippen auf den Pfeil rechts unten Bild und Text senden.

CHATS

Chat ist englisch und bedeutet „Plaudern". Unter dem Karteireiter „Chats" finden Sie alle Konversationen, die Sie in letzter Zeit geführt und Nachrichten, die Sie geschickt haben. Durch das Tippen auf eine Konversation gelangen Sie in den Nachrichtenverlauf mit der jeweiligen Person oder Gruppe. Dort können Sie Nachrichten lesen und neue Nachrichten verfassen.

STATUS

STATUS

Mit der Statusmeldung zeigen Sie all Ihren Kontakten, was Sie gerade machen, ob Sie erreichbar sind oder Ähnliches, ohne ihnen direkt eine Nachricht zu schicken. Ihre Freunde, Familie usw. bleiben so z. B. über Ihren Urlaub auf dem Laufenden. Haben Personen aus Ihren Kontakten Statusmeldungen veröffentlicht, werden sie hier angezeigt. Ein Status ist 24 Stunden sichtbar und verschwindet danach automatisch. Um einen Status zu erstellen tippen Sie auf „Mein Status".

ANRUFE

ANRUFE

Sie können mit WhatsApp telefonieren, wenn Sie mit dem Internet verbunden sind. Wenn Sie auf „Anrufe" klicken, sehen Sie den Verlauf der Anrufe. Wenn Sie unten rechts auf das grüne Hörer-Symbol tippen, erscheint die Liste Ihrer WhatsApp-Kontakte mit Telefonhörer und Videokamera. Wenn Sie auf den Telefonhörer tippen, wird die Person angerufen. Wählen Sie die Videokamera, können Sie sich während des Anrufs auch per Video sehen. Wenn Sie über ein WLAN im Internet sind, denn dann ist die Qualität gut und das Telefonat kostenlos. Sind Sie über „Mobile Daten" im Internet, kann die Anrufqualität schlechter sein und Sie verbrauchen viel vom *Datenvolumen* Ihres Mobilfunktarifs.

Mit Video telefonieren

LUPE

Mit einem Tippen auf die Lupe öffnen Sie die Suchleiste. Hier können Sie nach Personen und Gruppen, aber auch nach Wörtern oder Sätzen suchen, die in Nachrichten vorgekommen sind, z. B. eine Adresse, die Ihnen jemand geschickt hat.

DREI PUNKTE = OPTIONEN

Wenn Sie auf dieses Symbol tippen, erscheinen verschiedene Optionen. Wir stellen Ihnen die Wichtigsten vor:

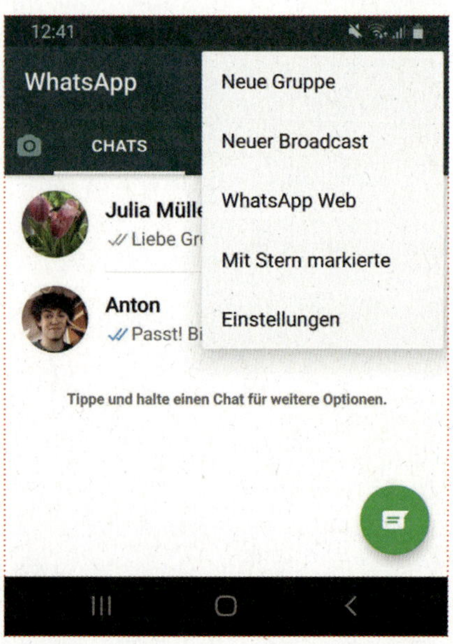

- **Neue Gruppe**
  Über diese Option können Sie eine Gruppe erstellen, damit Sie nicht nur mit einer, sondern mit mehreren Personen gleichzeitig und untereinander kommunizieren können. Nach dem Tippen auf diese Optionen können Sie die Personen auswählen, die Sie zu der Gruppe hinzufügen möchten.
- **Neuer Broadcast**
  Diese Option funktioniert wie ein E-Mail-Verteiler: Sie können eine Nachricht an mehrere Menschen gleichzeitig schicken, die Personen wissen aber nicht, wer die Nachricht sonst noch erhalten hat. Die Empfänger*innen können nicht untereinander kommunizieren, sondern nur Ihnen antworten.
- **Einstellungen**
  Unter dieser Option, können Sie Ihren Account, die Chats, Benachrichtigungen und Daten- und Speichernutzung einsehen wie auch Freunde einladen und bei Problemen unter „Hilfe" Unterstützung finden. Außerdem können Sie hier Ihr Profilbild ändern.

ADRESSBUCH

Wenn Sie auf das runde grüne Symbol unten rechts auf Ihrem Bildschirm tippen, erscheinen alle Ihre WhatsApp-Kontakte. Hier können Sie eine neue Gruppe oder einen neuen Kontakt anlegen. Außerdem können Sie die Kontakte aus dem Adressbuch Ihres Smartphones automatisch in Ihr WhatsApp-Adressbuch übertragen (wenn der Kontakt WhatsApp nutzt). Tippen Sie dazu auf die drei Punkte oben rechts und wählen Sie die Option „Aktualisieren".

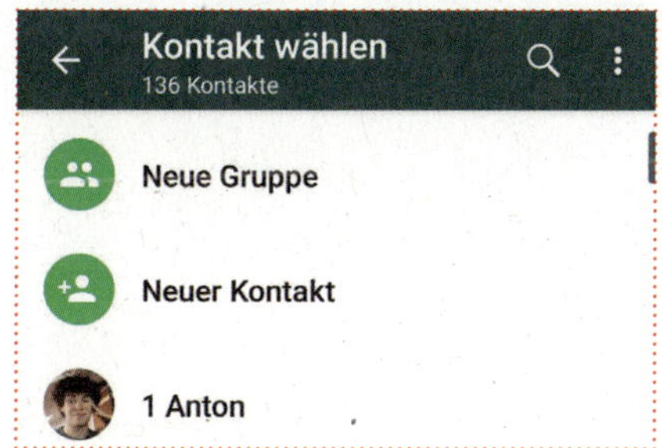

NACHRICHTEN SCHREIBEN

Tippen Sie unten rechts auf das grüne runde Symbol für das Adressbuch. Sie gelangen nun zu den WhatsApp-Kontakten. Wählen Sie einen Kontakt aus, dem Sie eine Nachricht senden möchten, und tippen Sie auf diesen. Dann öffnet sich die bisherige Unterhaltung (Chat) mit diesem Kontakt.

Um in das Textfeld am unteren Bildschirmrand schreiben zu können, tippen Sie in das Textfeld. Dann erscheint eine Tastatur und Sie können die Nachricht eingeben. Zum Verschicken tippen Sie auf den grünen Pfeil rechts neben dem Eingabefeld. Die gesendete Nachricht erscheint nun im Chat-Verlauf. Ihre eigenen Nachrichten sind auf der rechten Seite in Grün zu sehen, die Nachrichten Ihres Gesprächspartners auf der linken Seite in Weiß.

Sobald Sie mit einem Kontakt einen Chat begonnen haben, finden Sie dieses Gespräch in der Übersicht unter dem Reiter „Chat". Sie können dann direkt auf den Chat tippen, um dieser Person eine weitere Nachricht zu schicken.

EMOJIS EINFÜGEN UND ANHÄNGE VERSCHICKEN

Messenger-Nachrichten können nicht nur Text enthalten, sondern auch Fotos, Videos, Dateien, Sprachnachrichten und Emojis.

Auf dem *Android*-Smartphone findet man links vom Textfeld den Smiley für die Emojis, rechts die Büroklammer für Dateien, die Kamera für Fotos und Videos und daneben das grüne Mikrofon für Sprachnachrichten.

Auf dem *iPhone* steht das Plus-Zeichen auf der linken Seite für Dateien. Die Kamera und das Mikrofon sind rechts. Die Emojis sind in der untersten Reihe der Tastatur.

SMILEYS UND EMOJIS

Im persönlichen Gespräch ist nicht nur der Text wichtig, sondern auch Gesichtsausdrücke und Gesten helfen dabei, die Botschaft zu verstehen. Bei WhatsApp nutzt man dazu Smileys und Emojjis. Mit den gelben, runden Gesichtern (Smileys) drückt man Gefühle aus. Mit kleinen Äffchen, Handzeichen, Personen, Gegenständen oder Landesflaggen geben Sie

der Unterhaltung noch mehr Farbe und Anschaulichkeit. In der Regel wird das Wort „Emoji" als Oberbegriff für alle diese kleinen Symbole verwendet.

EMOJIS EINFÜGEN

Wenn Sie auf den Smiley tippen, werden die Emojis angezeigt. Indem sie mit dem Finger nach links und rechts wischen, können sie durch die Emojis blättern.

Auf *Android*-Geräten werden oberhalb der Emoji-Symbole verschiedene Kategorien angezeigt, auf dem *iPhone* unterhalb.

Wählen Sie durch Antippen das gewünschte Emoji aus. Es wird an der Stelle eingefügt, an der der blickenden Strich steht (Cursor). Um ein Emoji wieder zu entfernen, tippen Sie zuerst rechts neben das Emoji und dann unten rechts auf die Löschen-Taste (Pfeil mit x). Um weiter zu schreiben, tippen Sie auf das Tastatursymbol (*Android*) bzw. auf ABC (*iPhone*).

FOTOS UND ANDERE DATEIEN VERSCHICKEN

Dokumente, Fotos und Videos, Kontakte oder Ihr aktueller Standort – egal was Sie versenden wollen, der Weg ist immer derselbe!

VERSENDEN UND BEARBEITEN VON FOTOS UND VIDEOS

Auf dem *Android*:

Tippen Sie auf die Büroklammer. Wählen Sie die Galerie aus.

Auf dem *iPhone*:

Tippen Sie auf das Plus-Zeichen. Wählen Sie die Foto- und Videomediathek aus.

Wählen Sie ein Foto aus, indem Sie es antippen. Bevor Sie es versenden, können Sie es noch bearbeiten, indem Sie es zuschneiden, einen Text ergänzen, ein Emoji einfügen oder zeichnen. Die Werkzeuge finden Sie am oberen Bildrand in der Symbolleiste (von rechts nach links):

- **Stift:**
  Zeichnen Sie mit dem Finger wie mit einem Stift Linien auf das Bild. Wählen Sie die Farbe rechts aus der Farbskala. Wenn Sie fertig sind, tippen Sie nochmals auf den Stift.

- **T-Symbol:**
  Tippen Sie über die Tastatur Text. Die Farbauswahl ist ebenfalls rechts am Bildrand. Tippen Sie auf das T-Symbol, um zwischen verschiedenen Schriften zu wählen. Wenn Sie fertig sind, tippen Sie auf das Bild.

- **Smiley:**
  Emoji auswählen und einfügen. Gehen Sie mit dem Finger auf das Emoji, bleiben Sie darauf und verschieben Sie das Emoji an den richtigen Platz. Bleiben Sie mit zwei Fingern auf dem Emoji, um es zusammenzuziehen, größer zu ziehen oder zu drehen.

- **Zuschneiden:**
  Mit dem Finger gehen Sie auf den Rand, um den Ausschnitt des Fotos zu verändern, mit zwei Fingern verschieben Sie den Ausschnitt. Klicken Sie auf das Werkzeug unten, um das Foto um 90 Grad zu drehen. Abschließen mit Fertig.

Ein Antippen des geschwungenen Pfeils macht Ihre letzte Aktion rückgängig (auch mehrere). Fügen Sie zum Schluss über das Textfeld am unteren Bildrand eine Beschriftung hinzu. Klicken Sie auf den grünen Pfeil zum Versenden.

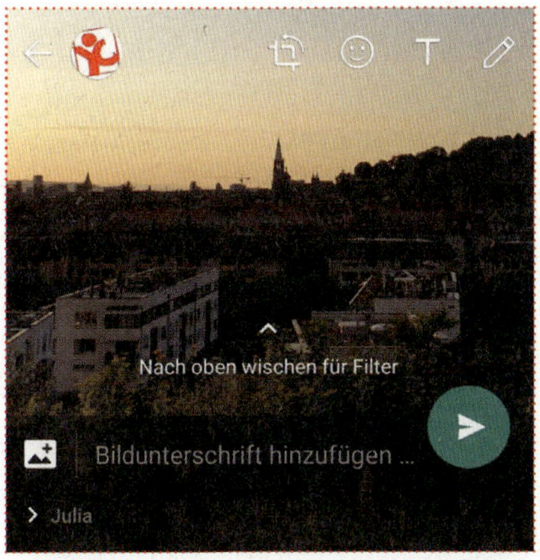

Wenn Sie nur einen Teil eines Videos verschicken wollen, können Sie das Video kürzen. Dazu gehen Sie in die Vorschau unterhalb der Symbolleiste und verschieben die Markierungen mit dem Finger entsprechend nach links oder rechts. Nur der ausgewählte Bereich wird verschickt. Über das Textfeld können Sie hier auch eine Nachricht ergänzen. Nach dem Bearbeiten verschicken Sie das Video.

TONAUFNAHMEN SCHICKEN

Sprechen geht schneller als tippen, deshalb bevorzugen viele Sprach- statt Textnachrichten, ähnlich wie wenn man auf einen Anrufbeantworter spricht.

Egal, ob Sie einen neuen Chat starten oder einem vorhandenen Chat eine weitere Nachricht hinzufügen wollen, können Sie mit Hilfe des Mikrofon-Symbols rechts neben dem Eingabefeld eine Nachricht aufnehmen.

Um eine Aufnahme zu starten, legen Sie den Finger auf das Mikrofon-Symbol und halten ihn während des Sprechens gedrückt. Sprechen Sie Ihre Sprachnachricht in den unteren Teil des Smartphones – dort befindet sich das Mikrofon. Die Aufnahme wird beendet, sobald Sie den Finger vom Bildschirm lösen. Im gleichen Moment wird die Nachricht verschickt. Sie können alternativ das Mikrofon-Symbol antippen, kurz halten und dann nach oben ziehen und loslassen. Diese Geste startet ebenfalls die Aufnahme und hat den Vorteil, dass Sie das Mikrofon-Symbol während der Aufzeichnung nicht halten müssen. Tippen Sie auf das Senden-Symbol, um die Aufnahme zu beenden und an den Empfänger zu verschicken. Nachdem sie verschickt wurde, finden Sie die Aufnahme im Chat-Verlauf und können sie anhören.

1
2
3
4
5

Sie können die Aufnahme leider nicht mehr anhören bevor Sie sie verschicken. Während des Aufnehmens können Sie aber abbrechen und dadurch verhindern, dass sie verschickt wird:
Unter Android wischen Sie mit dem gedrückten Finger nach links, bis das Mikrofon am linken Rand in einem Papierkorb verschwindet. Auf dem iPhone tippen Sie einfach auf Abbrechen.

IST DIE NACHRICHT ANGEKOMMEN?

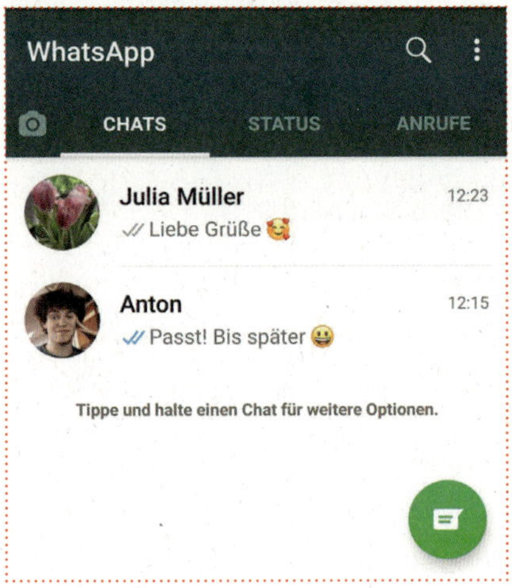

Im Karteireiter Chats finden Sie die Übersicht Ihrer Chats. Er erscheint direkt, wenn Sie WhatsApp öffnen. Neben den Profilbildern und Namen finden Sie weitere Symbole.

Zu jedem Eintrag werden Datum und/oder Uhrzeit der letzten Nachricht angezeigt. Unter dem Namen steht der Anfang der aktuellsten Nachricht, die Sie bekommen haben. Falls neue Nachrichten eingetroffen sind, wird Ihnen in der Übersicht die Zahl der ungelesenen Nachrichten angezeigt. Uhrzeit oder Datum des Chats sind dann grün (Android) oder blau (iPhone) eingefärbt.

Bei Nachrichten, die Sie verschickt haben, erscheinen links neben der Vorschau kleine Häkchen.

- Ein graues Häkchen:
  Nachricht wurde erfolgreich versandt.
- Zwei graue Häkchen:
  Die Nachricht ist auf dem Telefon des Empfängers angekommen, wurde aber noch nicht gelesen.
- Zwei blaue Häkchen:
  Die Nachricht wurde gelesen.

Falls Sie nicht wollen, dass Ihr Gegenüber sieht, ob Sie eine Nachricht gelesen haben, können Sie in den Einstellungen ausschalten, dass Ihr WhatsApp eine Lesebestätigung verschickt.

Siehe auch: Beiersmann, Stefan: WhatsApp. Für Android und iPhone. Alle wichtigen Funktionen, Tipps & Tricks. 2., aktualisierte Auflage 2019

MESSENGER IM VERGLEICH

Damit Sie einen Überblick bekommen, welcher Messenger für Sie der Richtige sein könnte, vergleichen wir die vier am meisten genutzen Messenger. Diese Messenger sind WhatsApp, Telegram, Threema und Signal. Der Marktführer WhatsApp steht seit Jahren beim Thema Datenschutz in der Kritik.

„Der Messenger-Dienst WhatsApp, der bekanntlich zu Facebook gehört, verstößt aus meiner Sicht an mehreren Stellen ganz klar gegen europäisches Recht."

Bundesdatenschutzbeauftragter Ulrich Kelber
Quelle: https://www.lto.de am 21.12.2018

„Der Bundesdatenschutzbeauftrage, Ulrich Kelber, hat klargestellt, dass keine Bundesbehörde den zu Facebook gehörenden Messenger Whatsapp zur Kommunikation benutzen darf. (...) Ein Sprecher von Whatsapp wies die Vorwürfe als falsch zurück."

FAZ vom 18.05.2020

SICHERHEIT – SIND DIE NACHRICHTEN END-ZU-END VERSCHLÜSSELT?

Bei einer End-zu-End-Verschlüsselung können Nachrichten, die über das Internet verschickt werden, nicht mitgelesen werden. Ist eine Nachricht nicht End-zu-End verschlüsselt, wird im Klartext übermittelt und es kann mitgelesen werden. Bei aktivierter Verschlüsselung ist ein kryptischer Text zu lesen, der nur von Empfänger und Sender entschlüsselt werden kann.

Bei Telegram werden Nachrichten nur geschützt, wenn extra die Funktion „Geheimer Chat" aktiviert wird. Bei den anderen drei Messengern ist die End-zu-End-Verschlüsselung immer aktiv und die Nachrichten sind geschützt.

Sind die Nachrichten End-zu-End verschlüsselt?

WhatsApp	Telegram	Threema	Signal
Ja	**Nur bei Aktivierung „Geheimer Chat"**	**Ja**	**Ja**

PRIVATSPHÄRE – WERDEN DATEN GESAMMELT UND VERKAUFT?

Wem gehört die App und welches Geschäftsmodell steht dahinter? Dass meine Daten vertraulich behandelt, keine Datensätze anlegt oder Daten an Dritte weitergeben werden (“*Big Data*”), ist ein wichtiges Kriterium bei der Entscheidung für einen Messenger.

WhatsApp gehört zu Facebook (Meta). Das Geschäftsmodell von Facebook basiert auf der Verwertung von Daten. Telegram wird betrieben von Pavel und Nikolai Durov, den Gründern von VK, dem größten russischen sozialen Netzwerk, also einem Pendant zu Facebook. Laut ihrer Aussage steht Telegram in keiner Verbindung zu VK. Threema finanziert sich durch App-Verkäufe. Die App kostet einmalig rund 6 Euro. Obwohl der Preis sehr niedrig ist, ist er für manche ein Gegenargument. Bei Signal basiert die Finanzierung auf Stiftungsmitteln und Spenden und ist daher komplett unabhängig und kostenlos, die optimale Lösung in Sachen Privatsphäre, da auch hier keine Daten gesammelt werden.

Werden Daten gesammelt und verkauft?

WhatsApp	Telegram	Threema	Signal
Ja	**Nein**	**Nein**	**Nein**
Finanzierung: Daten der Nutzer	Finanzierung: „Privat“–VK-Gründer	Finanzierung: App-Verkäufe	Finanzierung: Stifung/Spenden

VERTRAUENSWÜRDIGKEIT – IST DIE PROGRAMMIERUNG TRANSPARENT?

Hier geht es darum, ob der *Programmcode* der *App* öffentlich verfügbar und damit auch von Externen kontrollierbar ist. Es wird unterschieden in den *Code* der Anwendung des Nutzers und den Code auf dem Server des Anbieters. Beide Bereiche sollten offengelegt und einsehbar sein, damit keine Hintertüren für den Datenmissbrauch vorhanden sind oder heimlichen Änderungen eingebaut werden können.

Bei WhatsApp ist eine Offenlegung der Programmierung nicht gegeben, wodurch der gesamte *Messenger* intransparent wird und an Vertrauenswürdigkeit verliert. Bei Telegram ist lediglich der *Code* des Nutzers offengelegt, nicht jedoch der des Servers. Auch hier entsteht keine vollständige Vertrauenswürdigkeit. Threema und Singal haben ihren gesamten Code vollständig veröffentlicht. Er wurde bereits durch zahlreiche Expert*innen geprüft und als vertrauenswürdig eingestuft.

Ist die Programmierung öffentlich einsehbar?

WhatsApp	Telegram	Threema	Signal
Nein	**Nicht vollständig** Nur Client Open Source	**Ja** Open Source	**Ja** Open Source

„Open Source" = offene Quelle

WIE VIELE NUTZER*INNEN HAT DER MESSENGER?

Ein entscheidender Faktor ist die Nutzerzahl, denn was bringt mir ein *Messenger*, wenn ich mit niemandem darüber kommunizieren kann?

Mit 53 Millionen Nutzer*innen in Deutschland hat WhatsApp die Nase vorn. 84 % aller Smartphone Nutzer*innen in Deutschland haben die *App* installiert, was es einfach macht, Kontakte über diesen Messenger zu erreichen. Ob Familie, Freunde, Verein oder Kolleg*innen – viele organisieren sich über WhatsApp. Die Alternativen Telegram und Threema liegen deutlich dahinter, sind aber in den letzten Jahren auf solide 13,8 bzw. 11 Millionen Nutzer*innen angewachsen. Signal ist mit 7,6 Millionen Nutzer*innen, der am wenigsten verbreitete Messenger. (Quelle: Statista 2022)

Wie viele Nutzer*innen hat der Messenger?

WhatsApp	Telegram	Threema	Signal
53 Mio. Nutzer	**13,8 Mio. Nutzer**	**11 Mio. Nutzer**	**7,6 Mio. Nutzer**

DATENSCHUTZ – WERDEN DIE KONTAKTE UND TELEFONNUMMERN WEITERGEGEBEN?

Beim Einrichten jedes *Messengers* erscheint irgendwann die Frage „Zugriff auf Kontakte zulassen?". Ohne diese Bestätigung sind WhatsApp, Telegram und Signal nicht sinnvoll nutzbar.

Durch die Bestätigung werden alle Kontakte, die im Adressbuch sind, mit sämtlichen Informationen, die dort hinterlegt sind, an den Betreiber der *App* weitergegeben. Sollten Sie nicht vorher von allen Personen, die Sie im Adressbuch gespeichert haben, das Einverständnis eingeholt haben, die Daten weitergeben zu dürfen, begehen Sie in diesem Moment einen

Datenschutzverstoß. Telegram und Signal versichern, diese Daten nicht zu verwenden. WhatsApp wird vorgeworfen, diese Daten zu nutzen und mit den Daten von Facebook und Instagram abzugleichen, so dass sehr genaue Profile der Nutzer*innen und ihrer Kontakte aus dem Adressbuch möglich sind.

Werden Kontaktdaten weitergegeben?

WhatsApp	Telegram	Threema	Signal
Ja	**Ja**	**Nein**	**Ja**
An Facebook (Meta)	Nur an Telegram		Nur an Signal

In vielen Firmen, bei den Kirchen und im öffentlichen Dienst haben die Datenschutzbeauftragten aufgrund von Verstößen gegen die Datenschutzgrundverordnung die Nutzung von WhatsApp auf Dienst-Smartphones untersagt.

Der einzige *Messenger*, der hier die Ausnahme bildet, ist Threema. Für die Nutzung von Threema ist keine Freigabe der Kontakte nötig. Statt über das Adressbuch und die Telefonnummer kann man hier auch Leute über die sogenannte Threema ID (= Identifikation) hinzufügen, die jede*r Nutzer*in bei der Einrichtung der *App* bekommt. Das ist nicht so komfortabel wie über das Adressbuch, da man jeden Kontakt einzeln hinzufügen muss, allerdings ist es sicher und datenschutzkonform! Wer sich und all seine Kontakte schützen möchte, ist also hier am besten aufgehoben.

Eine Möglichkeit ist, Personen nicht mit Daten wie dem vollen Namen, Geburtsdatum, E-Mail-Adresse oder gar der Wohnadresse im Adressbuch abzuspeichern, sondern nur die Telefonnummer und einen nicht zuordenbaren Spitznamen. Hier ist dann allerdings ein gutes Gedächtnis gefragt.

Zum Schutz der eigenen Daten lohnt es sich, in den WhatsApp-Einstellungen den "Datenschutz"-Menüpunkt anzupassen. Für die Informationen „Zuletzt online/Online", „Profilbild", „Info" (Text unter dem Profilnamen) und „Status" können Sie entscheiden, wer diese ansehen darf. Sind diese Informationen öffentlich sichtbar, können Betrüger leichter gefälschte Nachrichten erstellen. Es empfiehlt sich, diese Informationen nur für die eigenen Kontakte zugänglich zu machen.

ÜBERSICHT ÜBER ALLE MESSENGER MIT DEN BEWERTUNGSKRITERIEN:

Welcher *Messenger* für Sie der richtige ist, können Sie für sich anhand der Kriterien herausfinden. Unsere Empfehlung ist, einen Messenger wie Threema oder Signal zu wählen.

ÜBERSICHT	WhatsApp	Telegram	Threema	Signal
Sicherheit	🙂	😐	🙂	🙂
Privatsphäre	☹️	😐	🙂	🙂
Vertrauenswürdigkeit	☹️	😐	🙂	🙂
Nutzerzahlen	🙂	😐	😐	😐
Datenschutz	☹️	😐	🙂	😐

MESSENGER-WECHSEL

Viele Smartphone-Nutzer*innen beschäftigen sich mit ihrer Datensicherheit und wollen daher auf WhatsApp verzichten. WhatsApp ist immer noch der Marktführer, die Alternativen holen aber in den letzten Jahren deutlich auf. Wenn Sie selbst auf WhatsApp verzichten wollen, bleibt Ihnen nichts anderes übrig, als andere davon zu begeistern, auch den alternativen *Messenger* zu installieren. Das kann allerdings nach unserer Erfahrung manchmal mühsam sein. Am besten beginnt man damit, die engen Freunde und die Familie zu überzeugen. Spätestens bei der Vereinsgruppe, der Arbeitsgruppe oder der Geburtstagsgruppe scheint für viele aber WhatsApp noch immer alternativlos.

Aus unserer Sicht kann es sinnvoll sein, auch mehrere *Messenger* gleichzeitig zu nutzen. So steigt der Marktanteil der bisher kleineren Messenger und es fällt Personen mit der Zeit immer leichter, auf WhatsApp zu verzichten, wenn sie das wollen.

1

2

3

4

5

TEIL 5

Nützliches

NÜTZLICHE APPS

Hier finden Sie einige App-Vorschläge, die sich vielleicht gut in Ihren Alltag integrieren lassen, zwischendurch hilfreich sein könnten oder welche, die man einfach mal ausprobieren kann. Es gibt viele weitere Anbieter, Firmen usw.

Bevor Sie eine App herunterladen, können Sie sich die Bewertungen und Kommentare ansehen, um einen Eindruck davon zu bekommen, ob die App zu Ihnen passt. Außerdem gibt es immer eine Beschreibung zu den Apps, in welcher die Funktionen genauer erläutert sind. Wenn Sie eine App herunterladen, diese Ihnen aber irgendwann nicht mehr gefällt oder Sie sie nicht mehr benötigen, können Sie die App wieder deinstallieren – die Apps sollen schließlich eine Hilfe sein und keine Belastung! Wenn Sie bereits einen Großteil Ihres Speicherplatzes belegt haben, kann es sein, dass Apps nicht installiert werden können, da nicht genügend Speicherplatz zur Verfügung steht. Ist dies der Fall, können Sie in den Einstellungen zunächst durch Ihre Apps schauen und diejenigen deinstallieren, welche Sie nicht mehr benötigen.

ZUGVERBINDUNGEN UND ÖFFENTLICHER NAHVERKEHR

Mit der App der Deutschen Bahn können Sie ganz einfach Bus- und Bahnverbindungen heraussuchen, indem Sie die Starthaltestelle und die Zielhaltestelle sowie die Abfahrtszeit eingeben. Über die Standortsuche können Sie sich auch bis zur Haltestelle navigieren lassen, falls Sie sich nicht gut in einer Stadt auskennen. Für noch genauere Angaben können die Apps Ihres jeweiligen lokalen öffentliche Nahverkehrs hilfreich sein. Auch Ihre Bus- und Bahntickets können Sie über die Apps kaufen und verwalten, wenn Sie möchten.

KARTEN

Google Maps, Apple Maps oder TomTom bieten eine zuverlässige Navigation für Fußgänger*innen, Autofahrer*innen, Fahrradfahrer*innen und auch für den öffentlichen Nah- und Fernverkehr. Durch die Eingabe des aktuellen Standorts und des gewünschten Ziels wird man auf dem schnellsten Weg von A nach B navigiert. Hier ist es wichtig, die *Standort-Funktion* einzuschalten! Es ist aber auch möglich, ganze Karten (z. B. für ganz Deutschland) herunterzuladen, so dass die *App* auch ohne Internetverbindung verwendet werden kann. Die App zeigt außerdem die aktuelle Verkehrssituation an und bietet auch direkt alternative Routen an.

WÖRTERBÜCHER

Wenn Sie gerne reisen und neue Sprachen lernen oder einfach im Alltag mal ein Wort nachschlagen möchten, ist eine App wie das LEO-Wörterbuch sehr hilfreich. Es gibt eine große Auswahl an Sprachen, die ins Deutsche übersetzt werden können und aus dem Deutschen in andere Sprachen. Für schnelle Übersetzungen ist auf jedem *Android* Smartphone die einfache Übersetzungs-App Google Übersetzer bereits installiert. Außerdem gibt es viele Apps, mit deren Hilfe man Sprachen erlernen kann, beispielsweise Duolingo, Babbel oder Jicki.

MUSIK, HÖRBÜCHER UND RADIO

Ein umfangreiches Angebot an Musik, Hörbüchern und Podcasts bieten Streaming-Anbieter wie Spotify, Deezer, Thalia oder Bücher.de. Dort lassen sich mit einem Abo oder mit Werbung zahlreiche Inhalte direkt aus dem Internet anhören. Auch Radiosender lassen sich kostenfrei und live auf dem Smartphone empfangen, durch die Apps der Sender oder eine Radio-App wie radio.de.

BANKEN (Z. B. SPARKASSE, VOLKSBANK ...)

Egal bei welcher Bank Sie sind, es gibt auf jeden Fall eine passende *App* dazu, welche Ihnen viele Möglichkeiten bietet, unterwegs und von zu Hause aus einfach auf Ihr Konto zuzugreifen. Da Geld und Bankdaten ein sehr sensibles Thema sind, empfehlen wir Ihnen, sich in Ihrer Bank zur Verwendung der App beraten zu lassen! Außerdem ist es in vielen Fällen ohnehin nötig, die App von der jeweiligen Bank freischalten zu lassen. Die Vorteile sind aber enorm: vom Sofa den Kontostand checken, die Kontoauszüge einsehen und sogar Überweisungen tätigen. Beachten Sie dabei nur die Sicherheitsvorkehrungen aus Teil 3: Sicherheit.

MOBILFUNKANBIETER

Egal ob AldiTalk, Telekom, Vodafone, O_2 oder Lidl Connect, jeder *Mobilfunkanbieter* bietet eine *App* an, mit deren Hilfe sich Einstellungen zum Telefon-Tarif oder Vertrag leicht abrufen und verändern lassen. Besonders bei einem *Prepaid-Tarif* lässt sich die App für viele Dinge nutzen: Sie können Ihr Guthaben aufladen und Ihr aktuelles Guthaben einsehen, den Verbrauch Ihres *Datenvolumens* abrufen, andere Pakete buchen oder Ihr aktuelles Paket abbestellen. So bewahren Sie ganz einfach den Überblick!

MEDIATHEKEN

Auch Fernsehen ist mit einer *App* auf dem Smartphone möglich. Es gibt für sämtliche öffentlich-rechtlichen Sender eine App wie z. B. die ARD- und die ZDF-App. Hier können Sie nicht nur live das aktuelle Fernsehprogramm anschauen, sondern auch verpasste Sendungen in der *Mediathek* nachschauen.

NACHRICHTEN

Für Nachrichten gibt es eine große Auswahl an *Apps*. So hat z. B. jede größere Zeitung eine eigene *App*, in der sich die aktuellen Nachrichten bequem am Smartphone lesen lassen, häufig muss für die Inhalte dort jedoch ein kostenpflichtiges Abo abgeschlossen werden.

Viele öffentlich-rechtliche Anbieter wie die Tagesschau oder Deutschlandfunk haben ebenfalls eine *App* und bieten live oder im Nachhinein die aktuellen Nachrichten als Text-, Video- oder Audio-Beitrag an. Auch eine Benachrichtigung über Eilmeldungen ist dort möglich.

E-MAIL

Fast jeder Anbieter für E-Mail-Konten, bietet auch eine passende *App* dafür an. Mit Hilfe der App werden Ihnen alle E-Mails direkt auf dem Smartphone angezeigt. Sie können in diesen Apps auf alle E-Mails zugreifen, E-Mails schreiben und versenden.

photo by Jeremy Bishop from Pexels

BEGRIFFSERKLÄRUNG

In diesem Kapitel finden Sie ein alphabetisch sortiertes Glossar, das die wichtigsten Begriffe rund um das Smartphone beinhaltet. Hier wird von „Account“ bis „Zwei-Faktor-Authentifizierung“ alles kurz und einfach erklärt. Alle im Heft unterstrichenen Begriffe finden Sie im Glossar wieder.

ACCOUNT

Ein Account ist Ihr Benutzerkonto. Für viele Tätigkeiten online und am Smartphone werden Sie dazu aufgefordert, einen Account bzw. ein Benutzerkonto einzurichten. Dieses besteht i.d.R. aus einem Namen, einer E-Mail-Adresse und einem Passwort. Besonders die gewählte E-Mail-Adresse und das Passwort sind wichtig und sollten deshalb an einem sicheren Ort notiert werden.

ANDROID

Das ist das Betriebssystem von Google für Smartphones. Es wird von vielen Smartphone-Herstellern als Betriebssystem verwendet, wie z. B. Samsung, Lenovo, Motorola, Google, Sony, LG etc.

APPLE

Großes amerikanisches IT–Unternehmen, welches mit dem iPhone das erste Smartphone entwickelt hat.

APPLE ID

Ihre Apple ID (= Identifikation) ist Ihr persönliches Nutzerkonto bei der Firma Apple und wird benötigt, um Ihr iPhone zu betreiben. Bei Ihrer Apple ID melden Sie sich mit Ihrer E-Mail-Adresse an.

APPLE-DIENSTE

Apple-Dienste sind Programme und Angebote, die speziell von Apple für das Betriebssystem iOS bereitgestellt werden. Dazu zählen z. B. der AppStore, der iTunes Store zum Herunterladen von Musik und Filmen sowie der Online-Datenspeicher iCloud.

APPS

Eine App (von engl. application software = Anwendungsprogramm) ist ein Programm für Smartphones und Tablets. Neben fest installierten Apps wie Kalender und Taschenrechner lassen sich im jeweiligen AppStore weitere Apps herunterladen. Unterschieden werden kostenlose und kostenpflichtige Apps.

APPSTORE

Vertriebsplattform um Apps zu bekommen. Je nach Betriebssystem haben Sie auf Ihrem Smartphone den Google Play Store (Android) oder den AppStore (iOS) installiert.

BACKUP

Ein Backup ist eine Sicherungskopie Ihrer Daten. Backups sollten Sie regelmäßig erstellen, damit Sie Ihre Daten wiederherstellen können, falls Sie Ihr Smartphone verlieren oder dieses kaputtgeht.

BESTÄTIGUNGSCODE

Ein Bestätigungscode ist häufig eine weitere Sicherheitsmaßnahme, um festzustellen, dass Sie auch wirklich im Besitz der Telefonnummer sind, die Sie z. B. in einer App angegeben haben. Den Bestätigungscode bekommen Sie meistens per SMS.

BETRIEBSSYSTEM

Ein Betriebssystem ist notwendig, um einen Computer oder ein Smartphone nutzen zu können. Auf jedem Smartphone ist bereits ein Betriebssystem vorinstalliert: Die wichtigsten sind Android von Google und iOS von Apple. In unregelmäßigen Abständen erscheinen Updates für diese Betriebssysteme, welche Sicherheitslücken schließen oder die Funktionen des Betriebssystems erweitern oder verbessern.

BEWEGUNGSPROFILE

Bewegungsprofile können von Unternehmen, der Polizei oder Geheimdiensten aufgezeichnet werden, um herauszufinden, wo sich eine Person häufiger aufhält. Unternehmen finden so heraus, in welche Läden Sie häufig gehen und was Sie sich dort anschauen. Geheimdienste können überprüfen, wo sich als gefährlich eingestufte Personen treffen.
Bewegungsprofile können nicht nur über Ihren Standort per GPS erstellt werden, sondern auch durch den normalen Mobilfunk, indem Ihre Entfernung zwischen mehreren Mobilfunkmasten gemessen wird.

BIG DATA

Big Data (von engl. big = groß; data = Daten; Big Data = Große Datenmengen) ist die Verarbeitung von großen sich schnell ändernden und komplexen Datenmengen. Mit Big Data lässt sich beispielsweise Künstliche Intelligenz trainieren, aber auch Kaufverhalten und gesellschaftliche Bewegungen analysieren.

BLUETOOTH

Bluetooth (von engl. Harald Bluetooth = der dänische König Blauzahn) ist eine standardisierte Funkschnittstelle. Sie ermöglicht den kabellosen Datenaustausch oder die Audioübertragung zwischen Geräten. So können Sie z. B. Ihr Smartphone mit einem Kopfhörer, Lautsprecher, Autoradio oder Hörgerät verbinden.

BROWSER

Ein Browser ist ein Programm, mit dem sich Websites anschauen lassen. Es gibt verschiedene Browser von verschiedenen Herstellern, z. B. Chrome (Google), Firefox (Mozilla), Safari (Apple).

CHIP-TAN-VERFAHREN

Das Chip-TAN-Verfahren wird genutzt, um die Identität eines Kontoinhabers beim Online-Banking festzustellen. Dabei wird die Bankkarte in das Chip-TAN-Gerät gesteckt. Damit kann dann ein Muster auf dem Bildschirm des Geräts eingelesen werden, um beispielsweise eine Überweisung zu autorisieren. Dieses Verfahren ist besonders sicher, da viele Elemente zur Bestätigung Ihrer Identität gleichzeitig angewendet werden müssen.

CODE/PROGRAMMCODE

Code oder Programmcode ist der Text, mit dem die Programmierung eines Programms geschrieben ist.

COOKIES

Cookies sind keine Kekse wie der Name vermuten lässt, sondern kleine Dateien, die von Websites auf Ihrem Computer oder Smartphone gespeichert werden. Sie speichern Informationen wie Präferenzen, Login-Daten oder z. B. den Inhalt des Warenkorbs beim Online-Shopping. Cookies sind also häufig notwendig, um Webseiten überhaupt nutzen zu können, diese Cookies werden "essenzielle" Cookies genannt. Darüber hinaus werden Cookies aber auch verwendet, um Ihr Verhalten beim Besuch einer Website zu verfolgen und zu analysieren. Damit kann ihnen anschließend besser personalisierte Werbung ausgespielt werden. Beim Aufruf einer Website wird die Zustimmung zu Cookies meistens zu Beginn abgefragt. Es empfiehlt sich an dieser Stelle nur der Nutzung von essentiellen Cookies zuzustimmen.

DATENVOLUMEN

Die Menge an Daten, die Sie pro Monat mit Ihrem Mobilfunktarif verwenden können, heißt Datenvolumen. Meist ist das Datenvolumen in solchen Verträgen begrenzt, z. B. auf 2 GB (Gigabyte) pro Monat. Nachdem Sie dieses Datenvolumen aufgebraucht haben, haben Sie zwar immer noch Zugriff auf das Internet, dieser ist allerdings sehr langsam. Wie viel Datenvolumen Sie noch übrig haben, können Sie in der App Ihres Mobilfunkanbieters nachschauen.

END-ZU-END-VERSCHLÜSSELUNG

Theoretisch verhindert die End-zu-End-Verschlüsselung das Abhören der Nachricht durch alle anderen, inklusive der Telekommunikationsanbieter, Internetprovider und der Anbieter der genutzten Kommunikationsdienste.

FACEBOOK/META

Facebook/Meta ist ein großes amerikanisches IT-Unternehmen, welches die Plattformen und Apps Facebook, Instagram und WhatsApp betreibt. Seinen Gewinn macht das Unternehmen dabei mit Werbung auf seinen Plattformen, die es durch die großen Mengen an Daten über seine Nutzer zielgerichtet verkauft. Bei mehreren Skandalen sind diese Daten bereits nach außen gelangt, wodurch in den USA der Wahlkampf manipuliert werden konnte.

FAKE NEWS
In den Medien und im Internet, besonders in den Social Media in manipulativer Absicht verbreitete Falschmeldungen.

FINGERABDRUCKSENSOR
Ein Fingerabdrucksensor kann anhand Ihres Fingerabdrucks Ihr Smartphone entsperren. Dieser muss beim Einrichten des Smartphones oder nachträglich vom Smartphone erfasst und eingespeichert werden. Sie können auch mehrere Fingerabdrücke, z. B. von verschiedenen Fingern oder weiterer Personen im Smartphone einspeichern.

FLUGMODUS
Der Flugmodus (oder Offlinemodus) deaktiviert sämtliche Anruf- und Nachrichtenfunktionen (Anrufe, SMS, Mobilfunk, Bluetooth, WLAN). Dazu gehören auch die mobilen Daten. WLAN und Bluetooth werden hiermit ebenfalls deaktiviert, können aber in den (Schnell-)Einstellungen wieder aktiviert und genutzt werden.

FRONTKAMERA
Die Frontkamera befindet sich auf der Vorderseite des Smartphones. Mit ihr lassen sich Fotos machen, bei denen man sich selbst auf dem Bildschirm sehen kann, sogenannte „Selfies". Die Qualität der Frontkamera ist deutlich schlechter als die der Hauptkamera auf der Rückseite des Smartphones.

GESICHTSERKENNUNG
Die Gesichtserkennung kann genutzt werden, um Ihr Smartphone zu entsperren. Dafür erfasst Ihr Smartphone bei der erstmaligen Einrichtung oder nachträglich Ihr Gesicht und speichert dieses ein. Sie müssen zum Entsperren des Smartphones dieses nur noch anschauen, um Zugang zu bekommen. Bei vielen Smartphones lässt sich die Gesichtserkennung leicht täuschen, beispielsweise durch ein Foto von Ihnen (nicht bei iPhones).

GOOGLE
Google ist ein großes amerikanisches IT-Unternehmen, welches neben der Suchmaschine Google und dem Browser Google Chrome auch das Betriebssystem Android sowie viele weitere Apps anbietet. Dazu zählen unter anderem Google Mail, Google Maps, YouTube, Google Pay, Google Drive und viele mehr.

GOOGLE ASSISTANT
Der Google Assistant ist der Sprachassistent Ihres Android Smartphones, also die „Stimme des Smartphones". Das Programm kann gesprochene Sprache erkennen, Befehle umsetzen und Fragen schriftlich oder per Sprachausgabe beantworten. Der Google Assistant startet mit einem längeren Druck auf die Startbildschirmtaste oder mit den Worten „Ok Google".

GOOGLE-DIENSTE

Google-Dienste sind Programme und Angebote, die von Google bereitgestellt werden und maßgeschneidert für das Android-Betriebssystem sind. Dazu gehören z. B. der Play Store, Google Maps, Google Mail und Google Pay.

GOOGLE-KONTO

Ihr Google-Konto ist Ihr persönliches Nutzerkonto bei der Firma Google und wird benötigt, um Ihr Android Smartphone zu betreiben. Bei Ihrem Google-Konto melden Sie sich mit Ihrer E-Mail-Adresse an. Sie können dieses Konto zum Anmelden bei sämtlichen Google-Diensten verwenden.

GOOGLE MAIL

Google Mail ist ein E-Mail-Dienst der Firma Google, der mit Ihrem Google-Konto verknüpft ist. Google-Mail-Adressen erkennt man daran, dass sie auf @googlemail.com bzw. auf @gmail.com enden.

GPS

GPS (von engl. Global Positioning System = globales Positionsbestimmungssystem) ist eine satellitenbasierte Technik zur Ortung. Ein GPS-fähiges Smartphone kann seinen eigenen Standort auf bis zu sechs Meter genau bestimmen. Dieser Standort kann dann auf einer digitalen Karte angezeigt und zur Navigation eingesetzt werden.

HAUPTKAMERA(S)

Die Hauptkamera befindet sich auf der Rückseite des Smartphones. Die Qualität dieser Kamera ist meistens schon sehr gut und damit lassen sich tolle Fotos machen. Bei neueren Geräten gibt es nicht nur eine, sondern bis zu vier Kameras auf der Rückseite, mit unterschiedlichen Objektiven wie Weitwinkel oder Tele.

HERSTELLERKONTO

Zusätzlich zu Ihrem Google-Konto können Sie beispielsweise bei einem Smartphone der Firma Samsung ein Samsung-Konto erstellen. Das ermöglicht Ihnen die Nutzung von weiteren Samsung-Apps, ist aber nicht zwingend notwendig.

INTERNET

Das Internet ist ein riesiges Netzwerk von miteinander verbundenen Computern und Geräten weltweit. Dort werden Inhalte gespeichert und können von anderen Benutzern des Internets abgerufen werden. Das ermöglicht den Austausch von Informationen, das Aufrufen von Websites, das Senden von E-Mails und vieles mehr. Es wird für Kommunikation, Unterhaltung, Bildung und Arbeit genutzt. Um ins Internet zu gelangen, benötigen sie eine Internetverbindung, die über verschiedene Wege wie WLAN, Mobilfunk oder LAN hergestellt werden kann.

IOS

iOS ist das Smartphone Betriebssystem für iPhones der Firma Apple.

IPHONE

Ein iPhone ist ein Smartphone der Firma Apple, welches mit dem iOS Betriebssystem läuft.

KOPFHÖRERANSCHLUSS

Der Kopfhöreranschluss ist ein sogenannter 3,5 mm Klinkenanschluss. Darüber können Kopfhörer (auch mit Mikrofon) oder Lautsprecher an das Smartphone angeschlossen werden.

LIGHTNING-ANSCHLUSS

Der Lightning-Anschluss ist ausschließlich bei älteren iPhones von Apple als Ladebuchse verbaut. Der Stecker kann beidseitig in die Lightning-Buchse gesteckt werden.

MAC-ADRESSE

Eine MAC-Adresse ist eine einmalige Adresse, die jedes internetfähige Gerät besitzt und mit der es sich in Netzwerken eindeutig identifizieren kann. Es ist also die Identifikation, ähnlich eines Personalausweises, eines Smartphones.

MEDIATHEK

Eine Mediathek ist eine Sammlung von Medieninhalten im Internet, die zum Streaming zur Verfügung gestellt werden.

MENÜ- UND BENACHRICHTIGUNGSLEISTE

In der Menü- und Benachrichtigungsleiste befinden sich die wichtigsten und häufig genutzten Einstellungen sowie die Benachrichtigungen, dass Nachrichten eingegangen sind, jemand angerufen hat oder Ähnliches.

MENÜ-SCHNELLZUGRIFFE

Menü-Schnellzugriffe sind die wichtigsten Einstellungen, die sich in der Menüleiste befinden.

MESSENGER

Ein Messenger (von engl. messenger = Bote) ist eine App oder ein Computerprogramm, mit dem sich Kurznachrichten, Bilder, Videos und Dokumente verschicken lassen. WhatsApp, Telegram, Threema und Signal sind Messenger.

MICRO-SD-KARTE

Die MicroSD ist die kleinste Form der SD-Karte (von engl. Secure Digital Memory Card = „sichere digitale Speicherkarte"). Auf diesen digitalen Speicherkarten lassen sich Daten wie Apps, Fotos und Musik ablegen. Damit lässt sich die Speicherkapazität eines Smartphones erweitern, sofern es über einen entsprechenden Steckplatz (Slot) verfügt.

1
2
3
4
5

MICRO-USB

Der Micro-USB-Anschluss ist bei vielen älteren Android-Smartphones als Ladebuchse verbaut. Dieser kann nur in eine Richtung, passend zu trapezförmigen Ladebuchse eingesteckt werden.

MOBILE DATEN

Über „Mobile Daten" kommt man mit dem Smartphone ins Internet. Dazu benötigt man einen Vertrag oder Prepaid-Tarif eines Mobilfunkanbieters. Eine andere Möglichkeit, mit dem Smartphone ins Internet zu kommen, ist WLAN.

MOBILER HOTSPOT

Mit der Funktion „Mobiler Hotspot" verwandelt sich das Smartphone in einen WLAN-Router und kann von anderen Geräten genutzt werden, um eine Internetverbindung herzustellen. Das ist praktisch, um unterwegs z. B. die Internetverbindung des Smartphones auch für den eigenen Laptop zu nutzen.

MOBILFUNK

Mobilfunk ist eine Internetverbindung, die ein Mobilfunkanbieter zur Verfügung stellt, wenn man einen Vertrag oder Mobilfunktarif hat. Die Internetverbindung wird über Mobilfunkmasten hergestellt.

MOBILFUNKANBIETER

Mobilfunkanbieter sind Anbieter von Mobilfunkverträgen und Mobilfunktarifen. Diese betreiben ein Mobilfunknetz mit vielen Mobilfunkmasten. Je nach Anbieter und Dichte des Mobilfunknetzes dieses Betreibers variiert der Empfang an verschiedenen Orten. Die größten Mobilfunkanbieter in Deutschland sind die Telekom, Vodafone und O_2. Kleinere Anbieter nutzen die Netze der großen Anbieter mit, dies sind beispielsweise AldiTalk, Congstar oder Lidl Connect.

MOBILFUNKVERTRAG/MOBILFUNKTARIF

Ein Mobilfunkvertrag oder Mobilfunktarif ist ein gebuchtes Paket bei einem Mobilfunkanbieter, das gegen einen monatlichen Betrag verschiedene Leistungen für das Smartphone zur Verfügung stellt. So lassen sich z. B. Pakete mit einem bestimmten SMS-Kontingent, einer Telefonflatrate oder unterschiedlich großem Datenvolumen buchen.

NETZADAPTER

Der Netzadapter ist ein Stecker für die Steckdose. Mit dem passenden Kabel kann man damit das Smartphone laden.

NETZWERK

Mit Netzwerk wird hier im Heft ein WLAN-Netzwerk gemeint, also das Netzwerk eines Routers, mit dem Sie sich verbinden können, um Zugang zum Internet zu bekommen.

NFC (NEAR FIELD COMMUNICATION)

NFC (auf deutsch Nahfeld Kommunikation) ist eine drahtlose Technologie, die es ermöglicht, Daten über kurze Entfernungen zwischen zwei NFC-Geräten auszutauschen. Dies geschieht durch einfaches Annähern der Geräte. NFC wird oft für kontaktlose Zahlungen mit Smartphones, das Teilen von Dateien oder das Einchecken an bestimmten Orten verwendet. Es bietet eine bequeme und sichere Möglichkeit, Informationen schnell zwischen zwei Geräten, die direkt beieinander sind, zu übertragen. Der häufigste Anwendungsfall ist z. B. das Bezahlen mit dem Smartphone im Supermarkt mit einer virtuellen Bankkarte, die durch das Smartphone per NFC an das Kartenlesegerät übertragen werden kann.

ONLINE-BANKING

Online-Banking ist die Möglichkeit, im Internet die eigenen Bankkonten einzusehen, zu verwalten und Zahlungen sowie Überweisungen tätigen zu können.

PASSWORTMANAGER

Ein Passwortmanager ist eine Anwendung, die für jedes einzelne Benutzerkonto ein besonders sicheres Passwort generiert und speichert. Dadurch muss man sich nur noch ein Passwort merken, nämlich das für den Passwortmanager. Diese Dienste sind kostenpflichtig und müssen auf den Geräten, auf denen Sie sich anmelden wollen, installiert sein.

PERSONALISIERTE WERBUNG

Werbung, die auf Sie zugeschnitten ist, auf Grundlage der Daten, die Unternehmen über Sie gesammelt haben. Unternehmen kennen Ihre Vorlieben und spielen Ihnen darauf basierend für Sie passende Werbung aus.

PHISHING

Beim Phishing (engl. Kunstwort für „Passwörter angeln“) wird versucht über gefälschte E-Mails an persönliche Daten und Passwörter zu gelangen *(siehe Teil 3: Sicherheit)*.

PIN

Eine PIN ist eine Persönliche Identifikationsnummer, die aus mehreren Ziffern besteht und zum Entsperren des Smartphones oder der SIM-Karte verwendet wird.

PLAY STORE

Der Google Play Store ist der App Store auf dem Android Betriebssystem. Dort können Sie Apps herunterladen.

PREPAID-TARIF

Mit einem Prepaid-Tarif (vom engl. pre = vor; paid = bezahlt; Prepaid = vorher bezahlt) zahlen Sie im Voraus Geld an einen Anbieter, um Zugang zum Internet zu bekommen. Sie zahlen Geld auf Ihr Benutzerkonto ein und können für diesen Betrag dann telefonieren, SMS schicken und im Internet surfen. Der Vorteil ist, dass Sie nur so viel Geld ausgeben können, wie Sie Guthaben auf dem Konto haben und keine unerwarteten weiteren Kosten entstehen.

QR-CODE

Ein QR-Code ist ein quadratisches Bild aus vielen kleineren Quadraten. Dahinter versteckt sich ein Link, der von der Kamera des Smartphones erkannt wird und z. B. auf eine Website führen kann, eine App öffnet oder Informationen anzeigt. Die Kamera-Apps neuerer Smartphones erkennen QR-Codes automatisch. Bei älteren Smartphones kann es notwendig sein, einen QR-Codescanner als App zu installieren.

ROAMING

Roaming (von engl. = herumwandern, stromern) steht für die Nutzung von Mobilfunknetzen im Ausland. Ist die Roaming-Funktion aktiviert, wählt sich das Smartphone automatisch in das Mobilfunknetz ein, wenn Sie im Ausland sind. Innerhalb der EU stehen keine zusätzlichen Kosten, außerhalb der EU kann es mit einem Mobilfunktarif für das deutsche Mobilfunknetz schnell sehr teuer werden. Daher sollte bei einer Reise ins Nicht-EU-Ausland die Roaming-Funktion unbedingt deaktiviert werden.

ROUTER/WLAN-ROUTER

Ein Router ist ein Gerät zum Aufbau eines Netzwerks. Es dient der Verbindung ins Internet oder zum Aufbau eines eigenen lokalen Netzwerks (LAN). Ein Router wird meistens mit dem Festnetzanschluss vom Anbieter zur Verfügung gestellt. Zur Einrichtung eines WLAN-Netzwerks ist ein WLAN-Router notwendig.

SCREENSHOT

Ein Screenshot ist eine Bildschirmaufnahme Ihres aktuellen Bildschirms als Bild. Wie diese ausgelöst wird, ist je nach Gerät unterschiedlich, bei vielen Geräten wird der Screenshot durch das gleichzeitige Drücken der Ein-/Aus-/Standby-Taste und der „Lautstärke"-Taste ausgelöst.

SELFIE

Ein Selfie ist ein mit der Frontkamera des Smartphones aufgenommenes Selbstporträt von einer oder mehreren Personen.

SIM-KARTE

Eine SIM-Karte ist eine Chipkarte, die das Smartphone im Mobilfunknetz anmeldet, damit man telefonieren und ins Internet gehen kann. Die SIM-Karte bekommen Sie von Ihrem Mobilfunkanbieter wie z. B. der Telekom, O_2, Vodafone, AldiTalk, o. Ä. (Näheres siehe Mobilfunk).

SIRI

Siri (von engl. Speech Interpretation and Recognition Interface = Sprachinterpretations- und -erkennungsschnittstelle) ist die Sprachunterstützung der Firma Apple, also die „Stimme des iPhones". Das Programm kann gesprochene Sprache erkennen, Befehle umsetzen und Fragen schriftlich oder per Sprachausgabe beantworten. Siri startet mit einem längeren Druck auf die Home-Taste.

SMS

SMS steht für Short Message Service im Englischen und bedeutet übersetzt Kurznachrichten. Damit können Sie kurze Nachrichten an eine andere Telefonnummer verschicken und erhalten.

SPAM

Spam (engl. „Müll") sind unerwünschte E-Mails, die meisten davon Werbung. Sie sind erstmal nur nervig und in der Regel keine direkte Gefahr. Trotzdem gilt bei solchen Spam-Mails, dass man sie zur Sicherheit am besten gar nicht öffnet und weder auf Links noch auf Anhänge in der Mail klickt, denn dort könnten sich Viren oder Phishing-Seiten verstecken.

SSID

Die SSID (von engl. Service Set Identifier = Dienst-Set-Bezeichnung) ist der Name eines WLAN-Netzwerks. Dieser Name befindet sich meistens an der Unterseite des Routers oder in der Liste der verfügbaren WLAN-Netzwerke.

SSL-ZERTIFIKAT

Ein SSL-Zertifikat sorgt für eine Ende-zu-Ende-Verschlüsselung beim Besuch von Websites. Außerdem können Sie an einem SSL-Zertifikat den Inhaber dieses Zertifikats ablesen und sich damit von der Echtheit der Website überzeugen.

STANDORT-FUNKTION

Durch das eingebaute GPS kann das Smartphone relativ genau Ihre Position orten. Verschiedene Apps nutzen den aktuellen Standort Ihres Smartphones, um Sie beispielsweise zu navigieren. Auch bei ausgeschaltetem GPS kann Ihre Position durch Ihre Entfernung zu verschiedenen Mobilfunkmasten errechnet werden.

STARTBILDSCHIRMTASTE/HOME-TASTE

Mit der Startbildschirmtaste kann der Nutzer immer wieder zum Homescreen (also dem Startbildschirm von engl. home = Heim, screen = Bildschirm) zurückkehren. Manchmal hat die Home-Taste weitere Funktionen. So lässt sich beim iPhone durch einen längeren Druck beispielsweise Siri (die Sprachunterstützung von Apple) einschalten. Die Taste befindet sich meist mittig unterhalb des Bildschirms.

1

2

3

4

5

STECKPLATZWERKZEUG

Das Steckplatzwerkzeug ist ein kleiner Stab aus Metall, mit dem man den SIM-Karten-Steckplatz des Smartphones öffnen kann. Dieser wird beim Smartphone mitgeliefert. Er muss in das kleine Loch an der Seite des Smartphones geschoben werden, um den SIM-Kartenhalter herauszuholen und eine SIM-Karte einzulegen. Sollten Sie das Werkzeug verloren haben, funktioniert eine kleine Stecknadel genauso gut.

STREAMING

Streaming (von engl. = strömen) bedeutet, dass die Nutzerin/der Nutzer eine Video- oder Audiodatei aus dem Internet nicht erst vollständig herunterlädt, sondern direkt während des Ladens ansieht oder anhört. Das gilt für Live-Übertragungen (z. B. Fernsehen oder Webradio), aber auch für Musik und Filme (z. B. über Spotify oder Netflix).

TOUCHSCREEN

Ein Touchscreen (von engl. touch = berühren, screen = Bildschirm) ist ein Bildschirm, der eine Bedienung über Berührungen mit den Fingern (v. a. antippen, Wisch- und Schiebe-Bewegungen) ermöglicht. Alle modernen Smartphones sind mit einem Touchscreen ausgestattet.

ÜBERSICHT DER GEÖFFNETEN ANWENDUNGEN

In der Übersicht finden Sie alle geöffneten Anwendungen und können diese schließen, wenn Sie sie nicht mehr benötigen. Das spart Akku und beschleunigt das Smartphone. Wenn Sie zwischen zwei Apps hin und her wechseln möchten, können Sie das ebenfalls über diese Übersicht tun.

ÜBERTRAGUNGSRATE

Die Übertragungsrate beschreibt, wie viele Daten in einer festgelegten Zeit übertragen werden können. Je höher die Übertragungsrate, desto schneller laden z. B. eine Website oder ein Video. Bei Mobilfunknetzen misst man die Übertragungsrate meist in Kilobit pro Sekunde (kbit/s; 1 kbit = 1024 Bit), Megabit pro Sekunde (Mbit/s; 1 Mbit = 1024 kbit) oder Gigabit pro Sekunde (Gbit/s; 1 Gbit = 1024 Mbit).

ÜBERTRAGUNGSTECHNOLOGIEN

Übertragungstechnologien ermöglichen den Zugriff auf das Mobilfunknetz und damit den Zugang zum Internet mit dem Smartphone. Es werden fünf Generationen unterschieden. Aktuell kommen Technologien der zweiten bis vierten Generation zum Einsatz, die sich in ihren Übertragungsraten unterscheiden:

- **2G:** Zweite Generation, auch GPRS oder EDGE genannt. Erkennbar an einem kleinen G oder E an den Empfangsbalken.
- **3G:** Dritte Generation, auch UMTS oder H/H+ genannt. Erkennbar an einem 3G, H oder H+ an den Empfangsbalken.
- **4G:** Vierte Generation, auch LTE genannt. Erkennbar an einem 4G oder LTE an den Empfangsbalken.
- **5G:** Fünfte Generation.

UPDATE

Ein Update ist die Aktualisierung einer Software, zum Beispiel einer App oder eines ganzen Betriebssystems. Im Rahmen von Updates werden häufig Sicherheitslücken geschlossen, Programmfehler behoben oder Funktionen erweitert. Updates lassen sich herunterladen, wenn das Smartphone mit dem Internet verbunden ist.

USB-C

Der USB-C-Anschluss ist bei vielen neueren Android-Smartphones und iPhones als Ladebuchse verbaut. Dieser kann in beide Richtungen eingesteckt werden und ermöglicht eine schnellere Datenübertragung.

VIDEOANRUF/VIDEO-TELEFONIE

Video-Telefonie bedeutet, dass die Gesprächspartner einander beim Telefonieren in Echtzeit sehen können. Voraussetzung dafür ist eine App zur Video-Telefonie (z. B. Skype, WhatsApp, Signal oder FaceTime).

WEB-NUTZUNG (MESSENGER)

Sie können die meisten Messenger auch an Ihrem Computer über einen Browser nutzen. Geben Sie dazu in die Suchmaschine z. B. „WhatsApp Web“ ein. Der Vorteil ist, dass Sie entspannt an einem größeren Bildschirm lesen und und mit einer echten Tastatur schreiben können. Sie benötigen dazu gleichzeitig Ihr Smartphone, das mit dem Internet verbunden sein muss.

WLAN

WLAN (von engl. Wireless Local Area Network = drahtloses lokales Netzwerk) ist ein Funknetzwerk, über das Sie Smartphone oder Computer kabellos mit dem Internet verbinden können. Neben verschlüsselten Netzwerken für Privathaushalte, Büros und Geschäfte gibt es auch öffentliche WLAN-Netzwerke (z. B. in Cafés oder an Flughäfen), die unverschlüsselt einen Internetzugriff erlauben.

WLAN-PASSWORT

Das WLAN-Passwort ist eine Voraussetzung, um sich mit WLAN-Netzwerken zu verbinden, die mit einem Passwort geschützt sind. Dieses WLAN-Passwort findet man meistens auf der Rückseite des zum WLAN gehörenden Routers.

WLAN-NETZWERK

Ein WLAN-Netzwerk ist eine Verbindung zum Internet über eine WLAN-Verbindung.

ZWEI-FAKTOR-AUTHENTIFIZIERUNG

Die Zwei-Faktor-Authentifizierung bietet zusätzlich zum Passwort noch eine zweite Identifikationsmöglichkeit. Diese Option ist bei den meisten Benutzerkonten aktivierbar und sollte besonders bei wichtigen Konten wie dem Online-Banking unbedingt genutzt werden!

NOTIZEN